Le cavalier king charles

Ouvrage créé par Losange

Direction éditoriale
Hervé Chaumeton, Philippe Coppé

Coordination éditoriale
Muriel Maroussie, Liza Person

Relecture
Léo Brau-Mirabel

PAO
Nathalie Lachaud

Photogravure
Stéphanie Henry, Chantal Mialon, Francis Rossignol

ISBN : 2-84416-360-2
N° d'éditeur : 84416
Dépôt légal : mars 2005

Achevé d'imprimer : février 2005
Imprimé en Slovaquie par Polygraf Print GmbH, Presov

Le cavalier king charles

Danielle Marchand

Artémis éditions

Sommaire

INTRODUCTION

Les cavaliers : c'est ma vie !

Même lorsque j'arrêterai l'élevage de cette race merveilleuse, une dizaine de ces chiens m'accompagneront en permanence, jusqu'au bout de ma vie !

Je suis très heureuse, et je pense être intarissable lorsque je parle d'eux. C'est pourquoi je suis ravie de m'exprimer sans prétention dans cet ouvrage.

J'ai conscience, bien sûr, que ce livre est très inégal, moins par manque de temps que par préférence de thèmes. Pour savoir comment vacciner votre cavalier par exemple, vous pouvez consulter n'importe quelle revue canine ou n'importe quel livre sur les chiens qui vous renseigneront, mais connaître le comportement d'un cavalier et ce dont il a spécifiquement besoin, cela, je peux vous en parler en connaissance de cause, vivant depuis treize ans, 24 heures sur 24, 365 jours par an, avec une centaine (chiots compris) de représentants de cette race.

La force de cette passion est d'être partagée avec mon compagnon Daniel Olivier. C'est lui qui m'a offert, lors de notre rencontre, un premier cavalier blenheim de 8 mois, Shandy, qui à 18 mois devenait mon premier champion de France. Daniel, avec lequel je vis en parfaite et indispensable complémentarité ; chacun a son travail, ses responsabilités qu'il assume au mieux : si je gère avec rigueur l'organisation de l'élevage, Daniel, de son côté, présente avec brio nos cavaliers sur les rings de tous les pays. Nos chiens ? Ce sont nos enfants. La preuve en est le choix de notre affixe : la contraction de nos deux noms, Marchand et Olivier (élevage des Marliviers), afin que tous les bébés que nous faisons naître portent nos noms. Ancien éleveur, Daniel m'a apporté, par son expérience, les premières connaissances indispensables à l'élevage. Ces connaissances ont été renforcées ensuite par l'entourage de vétérinaires dévoués et compétents tels que les docteurs Pontus, Demey, Benhabbari et Chauvin, qui suivent ou ont suivi avec attention, voire avec affection, mes cavaliers, les connaissant même par leurs noms. Si d'innombrables lectures ont complété ce savoir, rien ne vaut la vie quotidienne et concrète avec les chiens pour affiner son expérience.

Je suis reconnaissante également à tous les précieux éleveurs gravitant autour de nous avec des cavaliers de Marliviers et qui, consciencieusement, assurent un travail de sélection parallèle au nôtre, et je tiens à les remercier amicalement. Et, tout particulièrement, je citerais mes amis Alain et Chantal Tranchant, avec lesquels nous partageons les mêmes conceptions du travail d'éleveur, et qui m'ont accompagnée dans la rédaction de cet ouvrage. Je voudrais enfin remercier Mme Chevallereau qui m'a gentiment confié ses photos personnelles, celles des premiers champions de France, et qui a retracé l'historique de notre club de race.

Ce livre a peut-être beaucoup de défauts, il est certainement incomplet, mais je l'ai écrit avec mon cœur.

Généralités

L'HISTOIRE DU CAVALIER KING CHARLES

Comme son nom l'indique, le cavalier king charles est un très proche cousin du king charles. Pour les différencier, on a coutume d'appeler le premier plus simplement « cavalier ». C'est le terme que j'utiliserai tout au long de cet ouvrage. C'est un chien royal assurément, et son nom est là pour en témoigner.

Ses origines

Au même titre que son cousin, le cavalier est un épagneul nain que les Anglais dénommaient souvent « toy spaniel » ou « carpet spaniel ». Sa petite histoire est fortement liée à la grande histoire de l'Angleterre, et le cavalier a connu plus de secrets d'État et de secrets d'alcôve que la plupart des familles les plus influentes du royaume.

Le cavalier king charles spaniel est une race reconnue depuis 1928, que le Kennel Club a enregistrée sous une dénomination différente de celle du king charles spaniel depuis 1945. Pour un public non averti, il s'agit de la même race, mais pour ses fervents admirateurs, il n'y a pas de confusion possible.

Il faut faire un bond de quatre siècles en arrière pour découvrir nos petits « toy spaniels ». Ils présentaient alors des types très divers : certains avaient un museau pointu, d'autres arboraient un museau plus plat, le poil lisse ou frisé, ils étaient parfois de taille miniature ou plus grands. En bref, il n'y avait aucune homogénéité… le désespoir d'un éleveur moderne !

> Le king charles

Bien avant de se voir attribuer un nom royal, notre petit épagneul figura en bonne place dans la plupart des grandes cours d'Europe.

• Les chaufferettes

Henri VIII d'Angleterre décréta qu'aucun chien ne saurait être toléré à la cour, excepté

« quelques petits spaniels pour les dames ». Il est certain que les toy spaniels jouaient les chaufferettes auprès des nobles dames, en se blottissant sur leurs genoux ou sous leurs amples jupes, dans des châteaux réputés pour leurs courants d'air glacials. Quel inestimable service !

• Fidèle jusqu'au bout

En 1570, le Dr Johannes Caius, médecin personnel de la reine Élisabeth Ire d'Angleterre – fille de Henry VIII –, écrit un traité en latin *De Canibus Britanicus,* où il dépeint un gentil spaniel destiné à la compagnie et aux jeux, le qualifiant même de « réconforteur de ces dames », et ajoute doctement que notre épagneul se révélait idéal pour combattre les humeurs et les maux de ventre !

La vie de nos petits « carpet spaniels » est incontestablement et intimement liée à la dynastie des Stuart. La douce reine Marie Stuart possédait plusieurs king charles. On raconte que lors de son exécution, en 1587, on a retrouvé son petit épagneul noir et blanc dans ses jupes, qu'elle portait rouges, pour que le sang soit moins visible.

Charles Ier, dans sa fuite au château Carisbrooke, sur l'île de Wight, en 1648, était accompagné de son petit spaniel, du nom de Rogue, que toute la cour connaissait. Rogue le suivait partout, et a payé sa fidélité de sa vie lorsque le roi a été exécuté, décapité à Whitehall.

Un membre des « têtes rondes » (parlementaires opposés aux partisans royalistes, dénommés cavaliers, pendant la Révolution) prit le chien et l'exhiba un peu partout dans la ville.

• Les lettres de noblesse

Mais c'est Charles II d'Angleterre (1630-1685) qui donna aux épagneuls nains anglais leurs véritables lettres de noblesse. Charles II avait une telle passion pour ces adorables petits chiens qu'ils furent dès cette époque dénommés king charles spaniels. Il avait fallu presque deux siècles pour que cette race particulière se distingue des autres épagneuls, mais rares étaient les chiens pouvant se vanter d'arborer un nom aussi prestigieux que les king charles. Ce prestige rejaillit encore de nos jours sur les cavaliers, qui demeurent des chiens « aristocratiques », en ce sens qu'ils possèdent classe, élégance et raffinement.

• Un accès illimité

Sa majesté ne se déplaçait jamais sans une troupe de ses charmants compagnons : les king charles avaient même le droit d'entrer au Parlement. Ils avaient accès à toutes les parties de Whitehall, Charles II ayant même été jusqu'à déposer une loi autorisant l'entrée des king charles dans tous les lieux publics et les jardins royaux de Londres, ce qui était loin de plaire à tout le monde.

• Dans l'intimité royale

Nous savons que Samuel Pepys (1633-1703), auteur d'un journal sur la vie à Londres, mémorialiste et écrivain anglais, désapprouvait cet engouement royal : « Tout ce que je vois me confirme la niaiserie du roi, qui joue avec ses chiens sans arrêt, ne se préoccupant guère des devoirs de sa charge. » Les chiens royaux devenaient symboles et cibles. Mais Charles II faisait fi de ces quolibets. Il aimait sincèrement ses épagneuls, et leur accorda même l'insigne honneur de partager sa chambre à coucher. Il y installait les chiennes qui mettaient bas, et les chiots étaient ensuite élevés dans l'intimité royale, ce qui rendait la cour « répugnante et puante » d'après un écrit de l'époque.

Et, tandis que Samuel Pepys se fatiguait à multiplier dans son journal ses commentaires au vitriol, l'aristocratie britannique vivait un véritable engouement pour les toy spaniels, à tel point que ceux-ci devinrent l'objet de rapts contre rançons. On retrouve dans les archives du *London Gazette* des demandes déchirantes de restitution de tel ou tel compagnon.

• Séjour en France

Henriette-Anne Stuart, la plus jeune sœur de Charles II, sa préférée, avait une tendresse particulière pour les petits épagneuls. Devenue duchesse d'Orléans, elle emmena en France avec elle ses petits réconforteurs pour moins souffrir de la nostalgie de son pays. Un portrait de Mignard, peint en 1665, la représente avec un minuscule spaniel de couleur blenheim, doté d'un crâne plat et de grands yeux sombres. Intelligente, férue de lecture, de belles lettres et d'art, elle avait ainsi tissé sa propre solitude, que ses toy spaniels aidaient à soulager. Dans ses résidences d'Orléans, du Louvre et de Saint-Cloud, elle fit aménager de superbes jardins à l'anglaise qui abritèrent les jeux et les ébats de ses épagneuls nains.

• Toujours prioritaire !

À la mort de Charles II, on aurait pu craindre une désaffection des king charles. Que nenni. Son frère, James II, qui lui succéda sur le trône d'Angleterre, se prit à son tour d'affection pour les toy spaniels. Un jour, victime d'une forte et violente tempête en mer, James, avant de quitter le navire, donna l'ordre suivant : « Sauvez les chiens et le duc de Mormouth ! » On constate ainsi quelles étaient ses priorités !

• De nombreuses représentations

Ainsi, le king charles connut de nouvelles heures de gloire. On le vit figurer sur de nombreuses tapisseries, ainsi que sur les tableaux de William Hogarth, de Thomas Gainsborough, mais aussi sur certaines toiles de Rubens, Greuze, Rembrandt, Landscer et bien d'autres, qui ont représenté de nobles et élégantes personnes avec leurs petits favoris.

• La concurrence des nez plats

Mais la concurrence ne tarda pas à pointer le bout de son museau. À la cour d'Angleterre, les carlins et les pékinois commencèrent à faire leur apparition. Or, ceux-ci possédaient une caractéristique commune : leur nez plat. Dès lors, si le king charles ne voulait pas se trouver définitivement supplanté, il lui fallait immédiatement obéir à ce critère de beauté. Les éleveurs de l'époque ont travaillé à uniformiser son type vers un faciès au nez court.

• Le Toy Spaniel Club

L'engouement pour le king charles et ses nombreux cousins prit une telle ampleur qu'il fallut bien apporter un minimum de réglementation pour protéger les épagneuls nains de croisements mal venus. C'est pourquoi, en 1886, fut fondé le Toy Spaniel Club, qui établit divers principes. Pour commencer, il reconnut officiellement le king charles et le fit, fort logiquement, appartenir à la famille du toy spaniel. Mais les difficultés jaillirent lorsque l'on voulut différencier les king charles.

Il fut décidé que son nom différerait en fonction de ses couleurs : les unicolores furent appelés rubis, les noir et feu king charles, les tricolores prince charles, tandis que les orange et blanc devenaient blenheim.

• L'histoire du blenheim

Parmi ces quatre couleurs de robe, le blenheim a sa petite histoire particulière quant à son spot. La légende se mêle à la réalité lorsqu'on raconte qu'en 1704, dans son lointain château, la duchesse Sarah, épouse du duc de Marlborough, espérait vainement des nouvelles de son époux parti à la guerre (comme le dit la chanson) en Bavière, sur les rives du Danube à Blenheim. Nerveuse et anxieuse à cause de cette longue attente, elle appuya fortement son pouce sur le front de sa petite chienne qu'elle tenait sur ses genoux.

Celle-ci était prête à mettre bas et, quelques jours plus tard, elle mit au monde des chiots qui portaient tous au front une marque orange, « la marque du pouce de la duchesse Sarah » qui, sous le nom anglais de « lozenge », figure toujours au standard comme une marque estimée de la couleur blenheim. Ce fut à la suite de la victoire éclatante que remporta, sur les Français, le duc John Churchill de Marlborough, capitaine général des armées anglaises, en Bavière à Blenheim, que fier de lui, il décida de baptiser ses petits favoris blanc et orange « blenheim ».

> Le cavalier king charles

En 1903, c'est la confusion au Kennel Club lorsqu'il faut donner un nom aux spaniels, non plus par couleur, mais pour différencier la morphologie.

Le roi Edward VII intervient pour apaiser les esprits, et la dénomination historique de king charles est retenue. Il est certain que les amoureux des king et des cavaliers lui sont reconnaissants d'avoir remis nos chers toy sur le trône des chiens royaux !

• Avis de recherche

Dans le catalogue de l'exposition de Crufts, en 1926, on pouvait lire cette annonce : « Sont recherchés des blenheims spaniels de l'ancien type, tels qu'ils sont représentés dans les gravures et tableaux du temps de Charles II, avec museau allongé, pas de stop, crâne plat avec le spot caractéristique en son centre. Le premier prix de 25 livres dans les classes 947 et 948 sera offert par Roswell Eldridge de New York, USA. Ce prix ira à qui recréera le type ancien souhaité. » La reproduction du tableau de Landseer, *The cavalier's pet*, était jointe.

• Les deux « modèles »

M. Roswell Eldridge avait été fort désappointé de ne pas retrouver les king charles au nez long, et offrit donc une prime de 25 livres pendant trois ans, durée qu'il allongea ensuite à cinq ans. C'était une somme considérable pour l'époque ! Le gagnant de ces premières 25 livres fut Ferdie of Monham. Surprise ! Ferdie est né le 19 novembre 1923, donc avant la parution de l'annonce. Cela signifiait qu'il existait encore des king charles de l'ancien modèle qui, eux, n'avaient pas subi les « outrages » du temps. Mais leur présence posait un singulier problème. On se trouvait désormais face à deux sortes de chiens s'épanouissant en parallèle et presque côte à côte, deux races de chiens à la fois proches et incomparables : les king charles tels qu'ils étaient devenus, avec leur nez court, et les king charles que l'on pourrait qualifier d' « ancien style », avec leur nez plus long. Comment les différencier ? Une seule solution : les dénommer différemment.

• L'origine de son nom

Durant plusieurs années, dans les expositions, l'appellation « old type king charles spaniels » (littéralement : les épagneuls king charles de l'ancien modèle) fut choisie, mais outre qu'elle était un peu lourde, elle prêtait singulièrement à confusion. En effet, il fallait être un initié pour différencier l'ancien modèle du nouveau. Alors, en 1928, constatant que Eldridge s'était servi du tableau *The cavalier's pet* pour ses recherches, on décida que l'ancien type serait tout simplement dénommé « cavalier king charles ».

• Une source d'erreurs

La séparation était faite, mais on se retrouva devant un dilemme : les cavaliers étaient physiquement les plus proches de ceux que l'on appelait autrefois les king charles, d'où de nombreuses erreurs d'appellation. Logiquement, ils auraient dû retrouver le nom de leurs ancêtres, et ce sont ceux qui ont vu la longueur de leur nez raccourcir qui auraient dû changer de nom.

• La reconnaissance

Lorsque Miss Hewitt Pitt, éleveuse renommée de chow-chow, acheta une femelle king charles blenheim à Miss Higgs, pour tenir compagnie à sa mère, il lui fut suggéré de présenter sa Waif Julia à Crufts, dans la classe sponsorisée par M. Eldridge. Julia gagna sa classe, ce qui fit dire à Mrs Pitt « qu'il y avait d'intéressantes perspectives à élever ce type de spaniel ». L'idée d'un club du cavalier était née.

• Le comité d'éleveurs

À Crufts, en 1929, il y eut 46 cavaliers inscrits dans 6 classes.

Un comité d'éleveurs plaça la barre du chien idéal très haute. La présidente du comité était Miss Mostyn Walker, naisseur de Ann's Son qui verra le jour par la suite. La secrétaire était Mrs Pitt, femme à la forte personnalité et à la grande détermination, qui créa un standard. Son affixe Ttiweh (Hewitt à l'envers) est la base de tous les cavaliers dans le monde.

• Le standard

Le standard a été établi avec Ann's Son comme référence. Ils l'ont placé sur une table et le standard a été rédigé à son image. Ce délicat petit blenheim a certainement été le père fondateur de la race. Son fils rubis, Peter of Ttiweh et sa fille blenheim, Daywell Nell, ont été présents dans de très nombreux pedigrees.

• Les premiers champions

Daywell Roger, blenheim, fut le tout premier cavalier king charles à devenir champion. Né le 7 octobre 1945, de Cannonhill Rickey (rubis)

et Daywell Nell, c'est un étalon qui a marqué sa génération puisqu'il fut le père de onze champions.

En 1945, le Kennel Club enregistre les cavaliers king charles et accorde les premiers *Challenges Certificates.* Le premier *Championship Show* qui comptera pour nos cavaliers se déroulera le 29 août 1946 ; il y aura 28 cavaliers pour 109 inscrits à l'exposition, déjà une belle participation ! Le *Best in show* est Belinda of Saxham (fille de Duke's Son) et le *Best Dog* est Daywell Roger.

• Une race populaire

De nouveaux et nombreux *Championship Shows* suivirent, et le nombre des naissances augmenta. Le Kennel Club enregistra 60 naissances en 1946, 134 en 1947 et 181 en 1948. Depuis, le nombre a encore progressé car la race est devenue très populaire, surtout à partir de 1973 où, à l'exposition de Crufts, Alansmere Aquarius, produit par MM. Evans et Hall, remporta le *Best in show* (meilleur chien de l'exposition), suprême consécration ! Si bien qu'en 1987 le nombre des naissances est passé à 9 110. Dans son pays d'origine, c'est surtout le cavalier de couleur blenheim qui domine, tant par le nombre que par la qualité.

Son destin en France

Il faut attendre les années 1965, 1966, 1967 pour voir, dans des catalogues d'expositions de championnat, quelques king charles et cavaliers king charles (sujets d'importation) présentés ensemble.

Je ferai référence d'abord aux championnats de France puis aux Nationales d'élevage (expositions organisées par le club), qui comptent l'un et l'autre pour le titre de champion.

> Les premières expositions

– En 1969, l'appellation cavalier king charles apparaît pour deux sujets importés par Mme Capdeville, en provenance de l'élevage « Of Eye-Worth » de Lady Forwood, en Angleterre.

Les expositions en France

Années	Nombre de cavaliers présentés	
	Championnats de France	Nationales d'élevage
1976	13	–
1977	9	–
1978	16	–
1979	22	–
1980	30	–
1981	18	–
1982	36	–
1983	10 mâles se sont présentés sur 16 et seulement 2 femelles sur 10 *	64
1984	38	80
1985	41	74
1986	31	115
1987	57	105
1988	55	114
1989	69	158
1990	187	203
1991	116	213
1992	173	166
1993	–	202
1994	–	182
1995	–	–

* L'absentéisme était dû à une très forte chaleur, et à une vérification très sévère des certificats antirabiques.

– De 1970 à 1974, deux ou trois sujets sont présentés par une Néerlandaise, Mme Van den Boom, des Suisses et une Française, Mme Marchand (mon homonyme, dont l'élevage n'existe plus depuis une vingtaine d'années).

> Les championnats de France

– En 1975, au championnat jugé par Mme Suzanne Delaunay, apparaissent les quatre premiers sujets d'importation qui donneront les souches françaises.

Mâles :

CAC-CACIB remporté par le mâle tricolore Ashpenda Double Diamond à M. et Mme Chevallereau.

RCAC-RCACIB : le mâle Wedding à Mme Bauche.

Femelles :

CAC-CACIB : la femelle blenheim Woodlinken Arabesque à M. et Mme Chevallereau.

RCAC-RCACIB : femelle blenheim, Ingrid du Bas Congo à Mme Marchand (homonyme).

Le mâle Ashpenda Double Diamond et la femelle Woodlinken Arabesque seront, dans l'année, les deux premiers champions nationaux français homologués.

> Les Nationales d'élevage

Simultanément aux championnats de France, les expositions nationales d'élevage organisées par le club et qui déterminent le second futur champion de France de l'année, ont vu le nombre de chiens augmenter chaque année dans les mêmes proportions.

Nous ne donnerons ci-dessous que les résultats des expositions nationales d'élevage organisées depuis 1983, date de la fondation de notre club actuel (CENA).

Son destin dans le monde

> Le continent européen

Lors des expositions internationales en Belgique, aux Pays-Bas et en Allemagne nous concourons régulièrement avec de nombreux éleveurs et particuliers. Comme les Français, ils aiment montrer leurs cavaliers et se retrouver entre propriétaires de cette race pour en parler avec passion. Les pays scandinaves offrent également une bonne concurrence, principalement en blenheim. L'Italie et l'Espagne en sont à leurs débuts, avec quelques éleveurs qui essaient de populariser la race par le biais des expositions et des revues canines.

> Aux Pays-Bas

Si le cavalier devient très en vogue – du fait de son charme et de son caractère facile – en France, il est également très populaire aux Pays-Bas. À la suite du premier élevage renommé : « Fanfare » à Mme Van den Boom (nous avons encore eu le plaisir d'être jugés par elle au Clubmatch 1993), c'est surtout M. Boelaars – affixe Van Het Lamslag – qui a considérablement contribué à faire évoluer et connaître la race dans son pays, en collectionnant de nombreux champions, dont le plus célèbre fut le mâle tricolore, le champion Lodewijk V.H. Lamslag.

Le Nederland Cavalier Club est un club actif. Leur comité organise tous les ans, chaque premier dimanche de novembre, sa propre exposition : le Clubmatch (l'équivalent de notre Nationale d'élevage), où sont engagés environ 200 cavaliers. Il édite aussi un bulletin d'information : *Cavalier Vizier.*

> L'Amérique du Nord

Au Canada et aux États-Unis, la race est connue depuis que l'ex-président, M. Reagan, s'est régulièrement montré accompagné de son cavalier blenheim ! Cette « publicité » combattra-t-elle le handicap résultant du fait que la race n'est pas reconnue officiellement par le Kennel Club américain ?

En Grande-Bretagne

Le cavalier est l'objet d'une grande popularité dans son pays d'origine, la Grande-Bretagne. Inscrit pour la première fois par le Kennel Club en 1945 (60 naissances), il a vu la courbe de ses effectifs, dans les années qui suivirent, dépasser celle de son cousin king charles. Son adoption, en 1960, par la princesse Margaret, s'est rapidement traduite par une augmentation spectaculaire des effectifs. Autre événement médiatique : en 1973, un cavalier gagnait le Best in show de l'exposition de Crufts à Londres : ce fut le premier toy à remporter ce titre. Dans les années 1980, le cavalier arrivait à 10 000 inscriptions annuelles, ce qui lui permettait de figurer parmi les cinq races les plus populaires outre-Manche.

Le standard du cavalier King Charles

Le standard est l'ensemble des caractéristiques qui définissent une race. Établi dans le pays d'origine de la race, il est adopté à l'échelle internationale. C'est le type, la norme, la référence pour juger et confirmer les chiens de la race.

Un type récent

En ce qui concerne la race du cavalier, même si celle-ci est très ancienne, le type avec le « nez long » n'a, en fait, ressurgi que vers les années 1930. Autant dire que la race n'est pas encore très bien fixée. Les chiots présentent parfois des dissemblances avec leurs géniteurs, surtout s'il n'y a pas de travail régulier « en lignée ».

Une description précise du type est donc indispensable, afin que la race tende vers l'homogénéité. Le standard est tout simplement la description du chien idéal. Cet idéal n'existe pas, bien sûr, mais c'est vers lui que le travail, la sélection des éleveurs doit tendre.

Description

Pour notre race, un standard officiel a été établi en Grande-Bretagne et traduit en français par le professeur Raymond Triquet. Ce standard n'étant pas assez précis et le cheptel des cavaliers en France devenant très important, il a semblé indispensable au comité du club et à la commission d'élevage de l'interpréter, de le compléter et de le diriger.

> Aspect général

Chien actif, gracieux, bien proportionné, à l'expression douce.

> Caractéristiques

Plein d'allant, affectueux, il n'a vraiment peur de rien.

> Tempérament

Gai, amical, non agressif, aucune tendance à être craintif.

> Poids

Le standard précise de 5,460 à 8,200 kg. Il faut rechercher une moyenne entre de 6 et 10 kg, en tenant compte d'un rapport entre la taille et le poids bien équilibré.

> Tête et crâne

Crâne presque plat entre les oreilles, stop peu accusé. La longueur de la base du stop au bout

du museau est d'environ 3,81 cm. La truffe est noire et bien développée, sans taches de ladre. Le museau va en s'amenuisant. Les lèvres sont bien développées, mais non pendantes. La face doit être bien remplie sous les yeux. Il faut éviter toute tendance au museau en sifflet.

Défauts graves :
- crâne étroit ;
- crâne en dôme prononcé ;
- stop peu prononcé ;
- stop trop prononcé ;
- fontanelle non fermée.

> Yeux

Grands, sombres et ronds, mais pas saillants. Les yeux sont bien écartés.

Défaut léger :
- expression un peu dure.

Défauts graves :
- yeux en amande ;
- strabisme ;
- yeux beaucoup trop clairs ;
- yeux beaucoup trop proéminents ;
- yeux trop petits ou trop rapprochés.

> Oreilles

Longues, attachées haut. Franges abondantes.

> Museau

Attention au museau trop étroit, accompagné de petits yeux rapprochés, qui donne un ensemble complètement atypique.

> Mâchoires

Elles sont fortes et offrent un articulé en ciseaux parfait, régulier et complet, c'est-à-dire que les incisives supérieures recouvrent les inférieures dans un contact étroit, et sont implantées d'équerre par rapport aux mâchoires.

Défauts légers :
- mâchoires en tenailles ;
- mauvaise implantation des dents.

Défaut grave :
– prognathisme supérieur ou inférieur.

> Cou

De longueur moyenne ; légèrement galbé.

> Tronc

Ligne supérieure : garrot bien sorti, dos droit, rein court.

Défaut léger :
– dos trop souple.

Défauts graves :
– dos ensellé ;
– dos voûté.

> Poitrine et ligne de dessous

Poitrine large, bien descendue aux coudes, côtes bien cintrées.

Défauts graves :
– poitrine pas assez descendue ;
– trop étroite ;
– en carène ;
– côtes trop arrondies (en tonneau).

> Membres antérieurs

Épaules bien angulées, bien musclées, membres droits bien collés au corps, ossature moyenne.

Défauts légers :
– musculature un peu faible ;
– membres un peu panards ;
– membres un peu rentrés.

Défauts graves :
– épaule droite ;
– coudes excessivement décollés.

> Membres postérieurs

Bien angulés, bien musclés, cuisses bien collées au corps, ossature moyenne.

Défauts légers :
– cuisses ouvertes ;
– angulation un peu insuffisante ;
– musculature un peu faible.

Défauts graves :
– jarret de vache ;
– angulation beaucoup trop droite.

> Pieds

Compacts, pourvus de bons coussinets, bien emplumés.

> Queue

La longueur de la queue doit être proportionnée à celle du corps. Elle doit être bien attachée, portée dans le prolongement du corps, et toujours en mouvement.

Défauts légers :
– queue attachée trop bas ;
– portée trop haut ;
– queue plaquée.

Défaut grave :
– queue portée en faucille.

> Allure et mouvement

Mouvement dégagé et élégant, avec beaucoup d'impulsion de l'arrière. Démarche souple et gaie. Qu'ils soient vus de devant ou de derrière, les membres antérieurs et postérieurs se déplacent dans des plans parallèles.

> Nature du poil

Poil long, soyeux, sans boucles. On admet une légère ondulation. Franges abondantes. Ne doit absolument pas être toiletté.

> Couleurs

– Noir et feu : noir aile de corbeau avec des taches feu au-dessus des yeux, sur les joues, à l'intérieur des oreilles, sur la poitrine, les membres et sous la queue. La couleur doit être vive. Les marques blanches ne sont pas admises.

– Rubis : unicolore d'un rouge intense. Les marques blanches ne sont pas admises.

– Blenheim : marques châtain vif bien réparties sur un fond blanc perle. Les marques doivent se scinder de façon égale sur la tête, laissant la place entre les oreilles pour la tache ou la pastille, qui est très appréciée (c'est une caractéristique de la race).

– Tricolore : noir et blanc bien espacés et bien répartis avec des marques feu au-dessus des yeux, sur les joues, à l'intérieur des oreilles, à l'intérieur des membres et sous la queue. Toute autre couleur ou combinaison de couleurs est à rejeter.

Points de non-confirmation

> Type général

– Insuffisance de caractère ethnique qui fait que l'animal, dans son ensemble, ne ressemble pas suffisamment à ses congénères de même race ;

– toute ectopie testiculaire (monorchidie, cryptorchidie) ;

– sujet excessivement léger présentant certaines caractéristiques du nanisme (crâne rond, œil trop saillant, dos voûté, ossature frêle, côtes trop plates).

> Tête

– Absence de stop ;

– crâne excessivement étroit ;

– fontanelle non fermée ;

– yeux jaunes ;

– yeux trop petits ou trop rapprochés ;

– toute suspicion de microphtalmie ou d'affection oculaire quelconque doit entraîner l'ajournement, puis la présentation d'un certificat délivré par un vétérinaire de la Société centrale canine (SCC) ;

– museau beaucoup trop étroit ;

– truffe rose ;

– tache de rose de plus de 1/8 de la surface de la truffe ;

– chanfrein disproportionné par rapport à la taille du crâne ;

– mâchoires déviées avec langue apparente ;

– prognathisme inférieur ou supérieur avec perte de contact ;

– absence (génétique) de deux incisives.

> Corps

– Dos beaucoup trop ensellé ;

– dos beaucoup trop voûté ;

– queue enroulée ;

– lors de suspicion de luxation de la rotule ou de dysplasie, ajourner la confirmation et demander un certificat vétérinaire.

> Couleur

- Noir et feu

– Marques blanches non autorisées (pour un sujet de qualité, un plastron blanc peut être autorisé en confirmation) ;

– absence de feu aux endroits désignés.

- Rubis

– Marques blanches non autorisées (uniquement pour un sujet de qualité, un plastron blanc peut être autorisé en confirmation).

- Blenheim

– Chien « pirate » (œil non entouré de châtain) ;

– face complètement blanche ;

– face complètement châtain sans liste.

- Tricolore

– Absence totale de feu en tête ;

– chien « pirate » ;

– face complètement noir et feu, sans liste ;

– face complètement blanche.

Brochette de tricolores.

Quatre couleurs de robe.

Le caractère du cavalier King Charles

Quelles sont les grandes lignes du caractère du cavalier ? Quelles sont ses caractéristiques ? Ne nous y trompons pas. Même si le physique et le caractère d'une race sont génétiquement programmés, chaque individu possède ses propres spécificités qui, en certains endroits, peuvent contredire les singularités de sa race.

Un chien de compagnie

> Un chien sans défauts

Le cavalier est un chien de compagnie calme, réservé, tendre, sensible, curieux, qui a une grande faculté d'adaptation à toutes les situations. C'est un chien qui aime être cajolé, materné, mais c'est aussi un chien rustique et sportif.

Ces qualités indéniables expliquent l'engouement passé et actuel pour ce chien. Il semble, tout simplement, ne pas avoir de défauts.

> Plus joueur que chasseur

Le cavalier est également plus calme, moins exigeant que les autres épagneuls et, en tout premier lieu, que les épagneuls bretons qui, eux, sont d'authentiques chiens de chasse. Car le cavalier, s'il possède indéniablement des instincts de chasse, reste avant tout un animal de compagnie. Il serait dommage de l'utiliser pour la chasse, car cela abîmerait inévitablement sa belle fourrure. Bien sûr, on cite l'exemple de cavaliers partant en quête de lapins, attrapant des lapins, ou même s'adonnant joyeusement à la pêche, mais ils le font plus par goût du jeu que par envie profonde de chasser.

On ne passe pas plusieurs siècles dans les salons anglais sans perdre un peu de son instinct de chasseur. Le cavalier est donc un animal calme, parfaitement à l'aise partout.

> Une grande facilité d'adaptation

Que vous restiez chez vous à profiter du farniente ou que vous décidiez de vous promener en forêt, sur une plage ou à la montagne, vous serez surpris par la facilité avec laquelle le cavalier s'adapte au terrain et à l'ambiance générale. En promenade, par exemple, il adore courir, sauter, jouer. Le premier cavalier que j'ai eu jouait dans les sources de montagne en sautant

Les épagneuls

Rappelons, au passage, qui sont les épagneuls : des chiens originaires d'Espagne (d'où leur nom), réputés pour leur docilité et leur attachement. Et le cavalier est probablement le plus docile et le plus attachant de toute cette grande famille qui compte pêle-mêle le setter, le breton et le picard, mais aussi le cocker. Force est de reconnaître que le cavalier est plus proche du cocker que de ses autres cousins. Il est assez rare, en effet, de voir un cavalier se mettre à l'arrêt comme le font les grands épagneuls !

allégrement de pierre en pierre. Car, et ce n'est pas la moindre de ses qualités, sous ses allures de chien tranquille, le cavalier peut se révéler très sportif. Dès qu'il retrouvera le confort douillet d'un intérieur, il redeviendra calme, ne manifestant jamais aucun signe d'énervement. Ce calme l'amènera à passer des heures à dormir dans son coin favori : le canapé familial.

> La vie quotidienne

Cette étonnante faculté d'adaptation se manifeste également dans les mille et un moments de la vie quotidienne. Comme tous les vrais chiens fidèles, mais peut-être un peu plus que

la plupart d'entre eux, le cavalier acceptera sans sourciller votre mode de vie, ne manifestant aucune exigence à partir du moment où il peut rester près de vous. Ainsi, si vous emmenez votre cavalier au restaurant, il se couchera de lui-même à vos pieds et ne bougera pas durant tout le repas. Même chose si vous l'amenez avec vous au bureau : il se montrera tellement discret que vous finirez presque par l'oublier.

> Un caractère paisible

Pourquoi une telle aptitude quasi naturelle ? Simplement parce que le cavalier est à la base un chien doté d'un caractère paisible, docile et affectueux. Ce qu'il veut c'est rester près des siens, de ses maîtres qui l'ont choisi et auprès desquels il se sent bien. Il n'en demande pas plus. C'est pourquoi il a une prédilection pour votre canapé : il sait qu'il vous y retrouvera à un moment ou à un autre de la journée. Mais, comme nous le verrons un peu plus loin, cette médaille a son léger (très léger) revers : le cavalier, adorant rester près de vous, supportera fort difficilement la solitude. D'autre part, le cavalier possède un caractère qui n'est ni agressif ni indépendant, ce qui rend son éducation excessivement facile. Décidément, il possède presque toutes les qualités !

> Avec les enfants

Lorsqu'un cavalier est confronté aux enfants, ce n'est pas à lui qu'il convient de faire attention mais aux enfants ! En effet, sa douceur, son absence totale d'agressivité vont lui faire accepter toutes les situations. De ce fait, il se trouve vulnérable. Si un enfant le bouscule, le maltraite, le cavalier se laisse faire. Il est prêt à subir les pires misères de la part d'un gamin sans se rebiffer et même sans chercher à s'enfuir. En position de soumission – recroquevillé sur lui-même –, le chien se tapit, laisse passer l'orage et ne manifeste aucune hargne. Cela ne signifie pas qu'il faille profiter de la situation et laisser les enfants transformer le cavalier en souffre-douleur. Car un tel comportement laissera des traces parfois indélébiles. En effet, ce chien qui ne voit le mal nulle part aura énormément de difficultés à comprendre pourquoi il est devenu la « victime » – même si le mot est un peu fort – d'un enfant. Dès lors, se développe en lui une peur profonde qui lui fera craindre tous les enfants. Bien sûr, jamais il ne lui viendra à l'idée d'en attaquer un, mais il restera définitivement dans la réserve.

• Apprendre le respect

C'est pourquoi il est fermement conseillé de surveiller les relations entre un cavalier et un jeune enfant – en dessous de 6 ans –, de manière à apprendre à ce dernier à respecter l'animal et, surtout, à ne jamais lui faire mal. Dès lors, les relations entre le chien et l'enfant se révéleront merveilleuses. Le chien le recherchera pour de grandes parties de jeux et de câlins. Ce sera le complice, le confident. Le

cavalier peut apporter beaucoup d'un point de vue affectif : il pourra pallier le manque de frère ou de sœur pour un enfant unique, le manque de disponibilité de parents divorcés ou qui travaillent…

> Une docilité constante

L'absence totale d'agressivité du cavalier se manifeste à tous les âges. C'est-à-dire qu'un cavalier adulte se soumettra dans les mêmes conditions qu'un cavalier chiot et vice versa. Toutefois, plus il est jeune, plus il gardera des séquelles de comportements humains qu'il n'aura pas compris. Il ne faut jamais brusquer un cavalier, cela le marquerait et vous ne parviendrez à aucun résultat. Avec lui, tout se passe dans la douceur, toujours.

> Des cas particuliers

Si la douceur est l'une des caractéristiques premières du cavalier, elle peut ne pas se retrouver chez tous les cavaliers. Expliquons-nous : certains éleveurs, parce qu'ils n'ont pas compris la psychologie du cavalier, le font grandir dans des conditions qui ne correspondent pas à sa nature (en l'isolant, par exemple, ou en le maintenant dans des chenils inconfortables). Dès lors, ils réussissent l'exploit de rendre des cavaliers agressifs. Il se peut également que ce résultat déplorable soit dû à une consanguinité malmenée qui fixe un mauvais caractère. Le cavalier doit être doux et un cavalier agressif est un mauvais sujet.

> Docile mais dynamique

Il ne faut pas croire non plus que la docilité dont font preuve les cavaliers fait d'eux des chiens lymphatiques. Pas du tout. On trouve autant de cavaliers dynamiques, toniques, débordants d'énergie que de tendres, calmes, qui se font moins remarquer. La docilité peut se traduire par la formule « qui aime plaire à son maître ». Le cavalier fait ce qu'on attend de lui, ce qui le rend d'autant plus sympathique.

L'aboiement

Le cavalier n'est absolument pas un chien « aboyeur ». Hormis quelques rares cas de chiens craintifs, le cavalier n'aboie jamais pour rien. Il peut accueillir un intrus par quelques jappements, mais ceux-ci cessent bien vite au profit d'un bonjour discret et d'une recherche de caresses.

> En appartement

Bien des cavaliers vivant en appartement sont d'un tel calme que les voisins en oublient jusqu'à leur existence. Je peux en parler savamment, ayant commencé à vivre avec cette race

au 15e étage d'un immeuble, dans un grand appartement de la banlieue parisienne. C'est seulement une fois atteint le nombre de 7 cavaliers que nous nous sommes décidés à déménager dans une maison à la campagne. Jusqu'alors nos 7 chiens n'avaient jamais posé de problème. Sortis régulièrement, ils étaient très calmes, dormaient sur les tapis, canapés et fauteuils, n'aboyaient jamais, même aux coups de sonnette. Nos voisins auraient pu ne jamais connaître l'existence de nos 7 cavaliers s'il n'avait pas fallu prendre l'ascenseur pour les sortir dans les espaces verts : tous n'appréciaient pas d'avoir 7 chiens qui frôlaient leurs jambes, surtout quand les messieurs partaient au travail dans un costume sombre qui récupérait les poils !

> Dans le jardin

Il est vrai, toutefois, que lorsqu'il vit dans une maison avec un jardin, le cavalier développe un peu plus la notion de territoire propre à tous les chiens. Il peut aboyer au passage d'un chien devant la propriété. Mais les aboiements cesseront dès que l'intrus se sera éloigné.

Ses relations avec les autres animaux

Il faut faire très attention aux chiens que rencontre un cavalier. Non qu'il les attaquerait – ne possédant aucune agressivité, il voit les autres chiens à son image et irait plutôt spontanément vers eux – mais, encore une fois, il les subirait. Il n'est pas rare de voir un gros chien agressif s'en prendre à un cavalier presque sans défense.

> Les grands chiens

Attaqué, un cavalier se laissera tuer sans se rebiffer. Les accidents de ce type sont, malheureusement, fort nombreux.

Si, au cours d'une promenade, vous êtes amené à croiser un gros chien, surtout s'il n'est pas tenu en laisse, ayez le réflexe de prendre votre cavalier dans les bras afin d'éviter tout risque. Faites-le calmement, sans affoler votre animal, mais faites-le.

Une tragique anecdote

Un dimanche, une propriétaire de cavalier se promenait avec son chien, tenu en laisse et marchant à ses pieds. Le temps était beau, la balade agréable. La dame et son chien passèrent devant un pavillon non clôturé. De là, s'échappa subitement un briard qui se précipita sur le jeune cavalier. Ce dernier se mit sur le dos, en position de soumission, réaction de chien équilibré. Fatale erreur, car le briard, plutôt que d'être inhibé, s'acharna sur le cavalier, l'attrapa dans sa gueule, lui perforant tous les organes vitaux. Le petit chien entra dans le coma et mourut des suites de ses blessures malgré les soins du vétérinaire.

> Des forces trop inégales

Les propriétaires de grands chiens ne se rendent pas compte du danger que représentent ceux-ci. Ils savent qu'il n'arrivera rien à leur animal, protégé qu'il est par sa force physique. Mais ils n'imaginent pas que par un simple coup de dents, même pour jouer, celui-ci peut causer des dégâts effroyables sur un petit chien. Sans parler de la frayeur occasionnée par un tel comportement, qui peut pousser le cavalier à fuir et à traverser une route inconsidérément.

Donc lorsque, avec votre cavalier, vous croisez un gros chien en liberté, portez immédiatement votre chien. Si le gros chien est au bout d'une laisse, changez simplement de trottoir !

> Les congénères

Mais il ne faut pas non plus adopter systématiquement ce comportement car votre cavalier va associer l'idée d'un chien à celui de danger et les fuira durant toute son existence. Il serait dommage qu'il ne puisse sympathiser avec des teckels, des yorkshires, des cockers, des caniches et autres chiens de sa taille avec lesquels il ne demande qu'à jouer.

Sa nature ouverte et joueuse aboutira donc, en contrepartie, à des résultats étonnants avec des animaux amicaux. Si vous possédez un gros chien au tempérament placide, vous serez ébahi par les relations qu'il entretiendra avec le cavalier. Après avoir longuement joué ensemble, ils dormiront dans les pattes l'un de l'autre et s'entendront rapidement comme larrons en foire. On a vu des cavaliers établir des liens tout à fait harmonieux avec des setters, des dogues de Bordeaux, des dobermans, des briards, des airedales et même un dogue allemand !

> Les chats

Au départ, le cavalier va considérer le chat comme une boule de poils lui rappelant sa mère. Il se dirigera vers lui ; aussitôt, le chat sortira ses griffes et, le poil hérissé, soufflera. Le cavalier comprendra vite le message et prendra ses distances. C'est le félin qui, de la hauteur

d'un meuble, placera ce nouveau compagnon sous une observation constante. Il percevra rapidement son manque d'agressivité et c'est lui qui refera le premier pas pour entretenir des relations amicales. Tout cela finira en jeux et câlins dans la même corbeille.

> ... ET AUTRES

Le cavalier s'entend véritablement avec toutes les sortes d'animaux. J'en ai eu l'expérience avec des rats blancs, des cochons d'Inde et même des oiseaux. Socrate, un corbeau apprivoisé, surveillait la croissance des portées de cavaliers. Il menaçait du bec et des ailes tous les intrus qui s'approchaient de « sa couvée ».

Le mâle et la femelle

> LE CARACTÈRE

Du point de vue de la tendresse et de l'affection, il n'existe aucune différence entre le mâle cavalier et la femelle. Ils sont aussi doux, tendres et câlins l'un que l'autre.

• Des femelles plus indolentes

L'unique différence que j'ai pu observer en dix années d'élevage, donc de vie commune, n'apparaît qu'après l'âge de deux ou trois ans. On constate, en effet que, passé ce stade, les femelles deviennent un peu plus indolentes que les mâles. Elles aiment leur petit confort, leur canapé. Elles aiment dormir longuement et font comprendre qu'elles n'ont besoin de rien d'autre. Une vie calme, tranquille leur convient à merveille. Les mâles, eux, se révèlent plus actifs, plus joueurs, et participent davantage aux activités de la maison que les femelles.

• Les conditions de vie

C'est pourquoi les mâles sont plutôt conseillés aux jeunes couples sportifs ou aux personnes qui bougent beaucoup, ou encore à ceux qui ont des enfants cherchant un compagnon de jeux. Quant aux femelles, elles paraissent plutôt destinées aux personnes plus âgées qui mèneront une vie plus calme.

Ce sont les conditions de vie qui détermineront le choix d'un mâle ou d'une femelle. Mais, encore une fois, ces règles sont atténuées par l'éducation et l'hygiène de vie offertes à votre cavalier. Il est des femelles qui font preuve d'un dynamisme étonnant tout au long de leur existence.

> LES DIFFÉRENCES PHYSIOLOGIQUES

L'autre différence entre un mâle et une femelle repose sur des critères purement physiologiques. La femelle cavalier est en chaleur deux fois par an – pour une période d'environ trois semaines –, ce qui provoque quelques inconvénients mineurs. Outre le fait qu'elle ne doive pas fréquenter de congénères mâles durant ces périodes, il faut garder à l'esprit qu'être en chasse provoque des sécrétions qui commencent par un rouge foncé pour aboutir à un rouge plus clair. Pas de panique. Le port d'une culotte spéciale avec garniture n'est indispensable que dans certains cas extrêmes.

De manière courante, on veille à ce que la chienne ne souille pas les endroits où elle a l'habitude de s'installer en plaçant des protections adéquates (couverture, serviette…). On apportera un soin particulier au canapé, qui reste le lieu de prédilection des siestes de la femelle cavalier.

Le maître idéal

Pour être le maître envié d'un chien possédant tant de qualités, il faut s'estimer soi-même à la hauteur de tant de mérites. Être à son image, à la fois sensible, respectueux des autres, heureux de vivre.

Le cavalier est un remède contre les baisses de moral. Dans certains cas, il peut même servir de thérapie.

J'ai eu l'exemple d'un petit garçon adopté qui souffrait de gros problèmes psychologiques. À l'âge de huit ans, il s'était mis à régresser, réclamant le biberon, faisant pipi au lit et dans sa culotte. Le médecin et le psycho logue qui le suivaient conseillèrent aux parents d'adopter un petit chien pour le responsabiliser. Ils eurent la bonne idée de venir me voir et de choisir un cavalier. Ce dernier apporta au petit garçon la stimulation nécessaire pour lui permettre d'évoluer et de progresser.

De même, il y avait une petite fille, enfant unique, qui affichait un certain mal de vivre. Elle était « tristounette », renfermée, timide. Sur mes conseils, ses parents lui offrirent un petit mâle cavalier. Un an après, revenant me montrer leur chien, ils me racontèrent : « Nous n'avions jamais entendu notre fille rire aux éclats comme elle le fait maintenant en jouant avec Djeffy. » Cela eut des répercussions heureuses car la petite fille prit de l'assurance, s'ouvrit aux autres, se fit des amies et obtint de bien meilleurs résultats scolaires.

Si le cavalier aime bouger avec vous, vous accompagner dans votre jogging matinal, il ne détestera pas non plus les siestes sur vos genoux, lors de vos poses télévision.

Un maître tour à tour actif et pantouflard correspond tout à fait à son mode de vie. Il peut sans problème trouver, dans les activités de chacun des membres d'une famille, la personne qui convient à son humeur de l'instant. En fait, il s'adapte à toutes sortes de situations, du moment qu'il a l'objet de son amour – son maître – à portée du regard, la solitude n'étant pas son lot.

J'ai constaté qu'après avoir été propriétaire d'épagneuls bretons ou de cockers, les inconditionnels de l'épagneul cherchaient à retrouver le compagnon idéal dans le format réduit de l'épagneul cavalier.

L'UTILITÉ DU CAVALIER KING CHARLES

Pour tout bon maître souhaitant partager des loisirs avec son cavalier, celui-ci ne chassant pas, ne pratiquant pas l'attaque et la défense, ne courant pas derrière un leurre en cynodrome, et ne cherchant pas de truffes en Périgord – encore que notre compagnon en soit fort capable ! –, l'agility est un sport qui permet de développer une grande complicité avec son chien.

L'agility

L'agility est une grande école d'éducation canine par le jeu.

> SON ORIGINE

L'agility est née à Crufts en 1978, inspirée du jumping hippique. C'était, pour les organisateurs, une animation pour faire patienter les visiteurs en attendant le *Best in show* (le meilleur de l'exposition). John Varley a conçu un parcours d'obstacles variés et spectaculaires. Cette représentation remporta un vif succès.

En 1985, en France, une équipe de jeunes cynophiles de l'école de Saint-Gervais-d'Auvergne nous fait découvrir ce sport qui met en compétition une équipe – maître et chien – se classant en fonction des fautes sur les obstacles et du temps réalisé pour boucler le parcours.

> UN PLAISIR PARTAGÉ

Si les propriétaires de cavaliers ne sont pas des fous du chrono, ils prennent énormément de plaisir à partager ce que le cavalier prend véritablement pour un jeu. Franchir le tunnel ne l'effraiera pas, car sa curiosité naturelle l'y poussera, bondir au centre du pneu, survoler les haies lui sera facile car il a de la détente, se jouer de la passerelle et slalomer entre les piquets ne lui fera pas peur, car c'est un chien qui va de l'avant !

Dès la demande du maître comprise, notre petit animal franchit les obstacles en pratiquant averti. À l'exemple de Mme et Mlle Guastaldo, qui font de la compétition avec Dream, leur mâle tricolore, et Fanny, sa fille, venez pratiquer l'agility et vous verrez votre cavalier attendre sa séance avec impatience.

Si cette expérience vous tente, demandez à M. Jean-Paul Petitdidier, président de la commission d'agility à la SCC (voir Adresses utiles), la liste des clubs afin d'y trouver celui qui sera le plus proche de votre domicile.

À vos laisses !

Bien vivre avec son cavalier king charles

L'ÉDUCATION DU CAVALIER KING CHARLES

Il ne faut jamais parler de « dresser » un cavalier mais bien de l'« éduquer » car, avec lui, tout doit se passer en douceur.

Généralités

> Le portrait de son maître

On dit souvent qu'un chien, quelle que soit sa race, finit toujours par ressembler à son maître. Beaucoup de dessinateurs humoristiques se sont amusés à caricaturer cet état de fait, à commencer par Walt Disney qui, dans les premières séquences des *101 dalmatiens,* montre des chiens ressemblant à s'y méprendre à leurs maîtres, et vice versa. Un maître agressif se retrouvera avec un chien méchant, un maître pas très sûr de lui aura un animal perturbé et craintif, un maître ayant l'habitude de hausser la voix risque de se heurter à un chien aboyeur, etc.

> Les caractéristiques de la race

Tout cela est vrai, comme il est vrai, ainsi que nous l'avons vu, que chaque race de chien obéit également à ses caractéristiques propres. Il est illusoire de vouloir transformer un chihuahua en chien de défense, comme il est ridicule de confiner un saint-bernard dans un appartement.

> L'équilibre idéal

Mais il est tout aussi vrai que l'éducation, reflet du tempérament du maître, revêt une importance considérable. Dès lors, l'équilibre idéal se situe dans un savant dosage respectant le caractère de la race et répondant aux aspirations du maître. Pour vivre avec son cavalier, il faut bien le connaître et appliquer des principes qu'il comprendra et qui s'adapteront à sa personnalité.

Comment choisir son chiot

> Remarque

Avant toute chose, il faut savoir que le cavalier peut être adopté à n'importe quel âge car c'est un chien docile qui s'adapte très vite. Si, par un concours de circonstances, vous vous retrouvez avec un cavalier adulte, ne vous inquiétez pas, à moins qu'il n'ait été maltraité dans ses premières années ou rendu agressif, vous vous retrouverez face à un animal de compagnie aussi câlin et affectueux que si vous l'aviez eu dans ses premiers mois. Néanmoins, la plupart des futurs propriétaires préfèrent acquérir un chiot afin de le voir grandir et de profiter au maximum de leur futur inséparable compagnon.

> Le choix de l'élevage

Le choix du chiot est difficile, car il liera le propriétaire et le chien pour plusieurs années. Il convient de ne pas se tromper !

Renseignez-vous auprès de la Société centrale canine, ou auprès du Club des épagneuls nains anglais, qui vous donneront des adresses d'éleveurs. Mais c'est à vous de faire votre sélection en visitant les élevages. Demandez à

voir les parents, les locaux où sont élevés les chiots, afin de vous faire une idée des conditions d'hygiène, de confort et d'éveil... Il ne faut pas que votre choix soit limité par une date (prenez votre temps) ou une distance. N'ayez pas peur de faire une centaine de kilomètres en plus pour avoir un sujet de qualité et en parfaite santé.

> Le prix

Ce n'est pas un achat à faire à la légère, parce que ce peut être un gros investissement financier pour certains. Le club de race donne, à titre indicatif, la fourchette de 609,80 à 914,69 euros (de 4 000 à 6 000 francs) pour un sujet confirmable, qui n'aura donc pas de gros défauts. Pour la moyenne de 762,25 euros (5 000 francs), vous aurez déjà un beau sujet. À 914,69 euros (6 000 francs), ce sera le sujet exceptionnel, de « qualité exposition ». Le prix le plus élevé se justifie par la qualité même du chiot, mais aussi par la « valeur » des parents. Lorsque ceux-ci sont valorisés par leurs résultats en expositions, par des titres de champions nationaux et internationaux, il faut savoir que l'éleveur a dépensé de très fortes sommes d'argent pour les obtenir, notamment par le nombre de kilomètres parcourus sur toutes les routes de France ainsi qu'à l'étranger ; il y a donc eu investissement de temps et d'argent. Il est bon de savoir également qu'un(e) reproducteur(trice) coté(e) Élite A ou Élite B l'est sur la valeur de sa descendance, cela représente donc le « haut de gamme ».

> Les critères de choix

Vous partagerez à peu près dix ou douze ans de vie avec votre cavalier, ne choisissez donc pas à la légère.

• Les idées reçues

Il faut faire tomber certaines idées reçues. Souvent des acheteurs vont dans un élevage, demandent à ce que l'on sorte la portée et choisissent le chiot qui vient le plus rapidement vers eux. Méthode rigoureusement inapplicable avec des cavaliers : sortez les chiots d'une portée et tous se précipiteront vers vous !

• L'aide de l'éleveur

Il vaut mieux faire confiance à l'éleveur, qui connaît ses chiens. Plus vous parlerez à l'éleveur, plus vous dévoilerez vos envies, vos aspirations et vos souhaits, plus il sélectionnera le chiot répondant à vos attentes.

De même, il est difficile de déterminer à l'œil nu les dominants et les soumis chez les cavaliers, car tous sont d'une égale gentillesse.

Faire confiance à l'éleveur, c'est aussi voir dans quelles conditions il travaille. Si les cavaliers aboient sans cesse, s'ils paraissent nerveux, s'ils n'ont pas l'air heureux de vivre, il y a fort à parier qu'ils seront agressifs et ne corres-

pondront donc absolument pas au caractère de la race. Ces chiens-là, mieux vaut les éviter.

• Le choix de la couleur

Choisir un chiot, dans le cas du cavalier, requiert aussi le choix de la couleur : blenheim, rubis, noir et feu ou tricolore. Le premier critère de sélection est, bien entendu, un critère de goût, mais la question se pose : le caractère varie-t-il selon les couleurs ? En réalité, fort peu. Et si on a l'habitude de considérer les blenheims et les tricolores plus doux, la différence se révèle des plus minimes. Dans tous les cas, choisir un cavalier, c'est choisir un chien tendre et affectueux.

Les étapes de la vie d'un chiot

Le chiot grandit très vite : il met trois fois moins de temps que nous à devenir adulte. C'est dire combien les événements et les expériences seront importants et décisifs pour la formation de son caractère.

> Une croissance très rapide

Le chiot grandit vite, très vite, trop vite au goût de certains. Calculer, comme on le fait trop souvent, qu'une année de vie de chien correspond à sept années de vie de l'Homme est une erreur. Car, par ce biais, il devient impossible d'expliquer le fait que le chien atteint l'âge adulte à un an, c'est-à-dire à sept ans en langage humain !

Tout au long de cette première année, tout va très vite et le maître se doit d'être vigilant, d'une part, pour le bien-être de son animal et, d'autre part, parce que tout ce que le chien enregistrera durant cette année s'inscrira en lui de manière indélébile. Si, chez un enfant, tout se joue avant six ans, chez un chien, tout se joue avant un an.

> Les premiers jours

Les premiers jours sont surtout une vie végétative qui ne demande qu'une surveillance attentive. Le chiot naît sourd, aveugle, n'ayant qu'une seule perception, celle de la température, qui lui fera rechercher la chaleur des mamelles de sa mère.

Son absence de mobilité le rend excessivement vulnérable. Le chiot peut être étouffé, voire écrasé par sa mère qui, épuisée, peut ne pas sentir sa présence. Vers 10-12 jours, le cavalier va ouvrir les yeux et commencer à distinguer les formes.

> À partir d'un mois

• La socialisation

À partir de 4 semaines, l'évolution s'accélère. Il commence à suivre des yeux et à reconnaître ses frères et sœurs. Il va explorer son environnement, prendre conscience de la présence de ses frères et sœurs qu'il va mordiller.

Par instinct de propreté, il va quitter la couche où il dort pour aller faire ses besoins le plus loin possible sur du papier journal, puis à 6 semaines dans de la sciure fraîche.

Ses capacités physiques et mentales se développent d'autant plus vite qu'il aura des stimuli :

– sensoriels : par la présence d'un poste de radio, par une manipulation fréquente par tous les membres de la famille ;

– ludiques : par les jouets, balles de tennis, jouets en pur caoutchouc (latex) qui couinent.

• Le rôle de la famille

Les chiots ne devront pas être privés trop tôt de leur mère, qui a sa part de responsabilité dans leur équilibre. Elle leur apprendra la hiérarchie dans la fratrie, les limites dans le mordillement. Ils ne devront pas non plus être séparés trop tôt de leur famille.

C'est là qu'ils apprennent la vie en société avec leurs congénères, qu'ils découvrent et testent leurs forces, qu'ils apprennent à cohabiter avec d'autres chiens. Privés d'une partie de l'apprentissage de la vie dans une société canine, les chiots ne s'y trouveront jamais à leur aise.

L'arrivée du chiot à la maison

C'est un événement important pour la famille, qui souvent le vit comme l'arrivée d'un enfant.

> À quel âge ?

Pour un chiot, j'ai constaté, en dix ans d'expérience, que 2 mois et demi était le meilleur âge pour quitter l'élevage. Il n'a alors pas encore d'habitudes, et le changement se fait avec un minimum de stress, donc sans perte d'appétit ni de cassure dans sa croissance.

> Son installation

Le jour idéal pour prendre possession de votre chiot est le début du week-end, et le matin, afin qu'il ait la journée pour découvrir son nouveau cadre de vie, avant de se retrouver seul dans l'obscurité de la première nuit.

• Son coin

C'est souvent dans un coin de la cuisine (pièce carrelée, donc facile d'entretien) que sera installée la corbeille du chiot. Celle-ci sera en mousse, recouverte d'une housse lavable ou en plastique, avec un tapis spécial au fond. Il faut bannir l'osier, que le chiot risque de grignoter et d'avaler : les petits morceaux pourraient provoquer des lésions des organes digestifs. Cette corbeille devra être d'une dimension réduite (de 40 à 45 cm), car les cavaliers adorent « se nicher ». Cela le sécurisera de toucher les bords. Il sera toujours temps de lui en racheter une plus grande, lorsqu'il aura sa taille définitive et qu'il aura fait ses dents dessus.

• Ses jouets

Ses jouets pourront être : une balle de tennis qu'il peut saisir grâce à sa texture, des jouets en caoutchouc plein, ou en caoutchouc fin, mais pur, en latex, et non en plastique, qu'il peut déchiqueter et avaler.

> La première nuit

La première nuit représente un cap difficile, tant pour le chiot que pour ses maîtres. Pour encourager le chiot à accepter la cuisine et sa corbeille, émiettez grossièrement dans celle-ci un biscuit pour chien. Vous profiterez du moment où il est occupé à le manger pour vous esquiver discrètement et vous coucher. Il ne lui faut plus entendre de bruits dans la maison qui rappelleraient votre présence, qu'il recherche.

Il va s'endormir sans rien dire, mais peut se réveiller dans la nuit et réaliser qu'il est dans un cadre inconnu, sans la chaleur de ses frères et sœurs. Angoissé, il risque de pleurer. Vous pouvez aller le voir cette première fois pour le tranquilliser, lui parler doucement en le caressant. Rassuré, il se rendormira. S'il devait récidiver, ne cédez plus. Il aura testé vos réactions. Il est bien rare qu'un cavalier gémisse plus d'une nuit. Mais surtout, ne vous précipitez jamais en hurlant, vous ne feriez que le perturber et ainsi retarder, voire compromettre son adaptation.

> La découverte

Dans la journée, le chiot va acquérir de l'assurance, étendre la possession de son territoire à toutes les pièces de la maison et, dès qu'il sera capable de sauter, élire domicile sur le canapé. Vous ne pourrez pas le lui interdire : il a besoin de se sentir proche de vous et jamais il ne trouvera mieux… sauf peut-être votre lit ! Le cavalier a un indispensable besoin de partager un contact affectif physique avec vous. Il a besoin d'être câliné, materné, il sera toujours « sur vos talons ». Si vous trouvez cette attitude trop « pot de colle », ne choisissez pas un cavalier.

> Comment le porter

Le chiot doit être manipulé avec douceur, il ne faut jamais le soulever par les pattes avant. Cela lui est très douloureux et lui décollerait les omoplates. Il faut le saisir en passant la main droite sous la cage thoracique, en serrant ses coudes contre son corps, et en plaçant votre main gauche sous son derrière, puis serrez-les contre votre torse dans votre avant-bras droit.

Surtout, il ne faut jamais saisir un chiot par la peau du cou. Ce geste est réservé à la mère, qui le secoue, lui infligeant ainsi la pire des punitions.

> Comment lui parler

Il convient de toujours utiliser une intonation douce, jamais de cris ni de grands gestes.

On peut considérer qu'un cavalier est capable de comprendre une trentaine de mots,

utilisez donc toujours les mêmes pour donner les ordres.

• Son nom

Le premier mot qu'un chiot doit apprendre est son nom. Il doit être court (une ou deux syllabes), facile à prononcer et pas ridicule (pour appeler votre chien en société). L'éleveur peut vous en laisser le choix si vous réservez le chiot avant le tatouage, car le nom est alors indispensable pour remplir les formulaires. La première lettre du nom fait référence à l'année de naissance du chiot : L pour 1995, M pour 1996… T en 2002, et ainsi de suite.

• Les ordres

Le « non »

Le second mot est le « non ! », prononcé avec fermeté pour lui faire comprendre l'interdit. C'est pour ainsi dire suffisant pour le cavalier, qui est un chiot docile qui ne fait pas de bêtises.

S'il vous arrivait de surprendre votre chiot en train de faire ses dents sur un pied de table par exemple, surtout ne le frappez pas, même légèrement. Tapez sur le pied de la table avec un journal roulé, en disant non d'un ton sévère, et faites immédiatement diversion en lui lançant un jouet.

Soyez cohérent

Faites attention que les ordres ne soient pas contradictoires. C'est-à-dire qu'il ne faut pas interdire un jour ce que vous accepterez sans sourciller le lendemain. Il ne faut pas non plus que chacun établisse son code des choses à faire et à ne pas faire, car cela se transformera bien vite pour le chiot en un inextricable labyrinthe. De toute façon, seuls les maîtres doivent donner les ordres, pas les enfants. Le chiot ayant le sens de la hiérarchie, il reconnaîtra celle de la famille humaine et ses « leaders ».

> Le rappel

Le cavalier est un chien qui a du rappel. Cette aptitude naturelle sera à renforcer dès son plus jeune âge. Prenez l'habitude, dès les premiers jours, de l'appeler souvent par son nom – pour qu'il l'apprenne – en baissant le buste et en tapotant votre cuisse. Dès qu'il revient vers vous, récompensez-le en prodiguant encouragements de la voix, caresses et friandises. Ainsi, il sera conditionné et, par la suite, il reviendra toujours à l'appel de son nom, car il saura que quelque chose d'agréable l'attend. Surtout, ne l'appelez jamais pour le disputer, car vous perdriez irrémédiablement sa confiance.

> La propreté

Pour un chien, être propre, c'est uniquement ne pas faire là où il dort. Concrètement, cela signifie qu'il ne fera jamais dans son panier, sur son siège favori de la voiture, sur son coin de canapé ou sur les genoux de ses maîtres. Il sait d'instinct qu'il faut sortir pour se soulager.

Sachant cela, il faut, dans la mesure du possible, lui offrir des conditions de vie correspondant à son fonctionnement. Uriner et déféquer sont, chez le chiot, des réflexes naturels qui suivent chaque repas. L'arrivée de la nourriture dans l'estomac stimule les contractions rythmiques des intestins. Vous ne devez donc rien faire pour interférer cette action réflexe et, au contraire, l'utiliser pour éduquer.

• Dans la journée

Dans le jardin

Si vous avez un jardin, sortez le chiot après chaque repas et au moins toutes les 2 heures en lui disant, par exemple « va faire pipi ». Dès qu'il est en train de faire, félicitez-le et récompensez-le par une caresse, voire une friandise (pour chien). Il apprendra à se retenir d'une fois à l'autre. Augmentez l'intervalle entre deux sorties au fur et à mesure qu'il grandit.

En appartement

Si vous êtes en appartement, l'éducation sera forcément plus longue. Comme il vous faudra attendre 8 jours après son rappel de vaccination pour le sortir dans la rue, vous allez contrarier sa disposition naturelle qui consiste à aller à l'extérieur pour se soulager.

Si vous avez un balcon, disposez dessus deux feuilles de journal, sinon mettez-les dans la cuisine, et dès que vous voyez le chiot tourner et chercher, posez-le dessus. Félicitez-le et récompensez-le dès qu'il se sera soulagé.

Quand, bien immunisé, il pourra descendre dans la rue, il faudra un second apprentissage pour le déconditionner. Souvent, il se retiendra pour faire sur son journal en rentrant. Essayez d'emporter une feuille de journal déjà souillée, de la déposer dans le caniveau, en espérant qu'il comprendra. N'oubliez surtout pas les félicitations et les récompenses.

L'attitude particulière du mâle

Ne soyez pas étonné, lorsque vous promenez votre cavalier mâle, s'il lève la patte à tout bout de champ et plus précisément à chaque coin de rue pour uriner. Il ne souffre pas d'une déficience du système urinaire, mais il tient à marquer son territoire et, en règle plus générale, à signaler son passage. Les chiens ont d'ailleurs tendance à uriner là où d'autres chiens ont uriné avant eux, de manière à couvrir les précédentes odeurs.

• Durant la nuit

La technique

Disposez deux feuilles de journal, non pas à côté de sa corbeille (il ne fait pas là où il dort), mais près de la porte.

S'il s'oublie dans la maison ou dans l'appartement, ne dites rien. Un chiot n'a pas le contrôle de ses sphincters et s'il ne peut sortir (porte fermée ou appartement), c'est votre faute. Essayez de repérer ses habitudes et ses mimiques (elles sont différentes pour chaque individu) pour exprimer ses besoins.

À ne pas faire

Ne lui mettez jamais « le nez dedans ». Ce serait totalement aberrant, car les chiens n'ont pas le même sens des valeurs que nous, ils ne trouvent pas sale leur « oubli ». Nettoyez hors de sa présence, ou discrètement hors de sa vue et sans rien dire. Vous obtiendrez de bien meilleurs résultats en récompensant un comportement jugé positif qu'en réprimant une action indésirable.

> La marche en laisse

Rappelons que vous ne pouvez sortir un chien qu'une dizaine de jours après ses rappels de vaccination.

• Le choix de la laisse

La laisse est absolument impérative en ville. Mais quelle laisse ?

La laisse élastique

La laisse élastique (ou télescopique) est à proscrire absolument, car trop dangereuse. Votre cavalier n'est pas plus libre parce qu'il est à 3 m de vous, c'est une fausse liberté ; de plus, il y a perte du contact privilégié entre vous deux. À cette distance, le chien ne sait pas s'il est seul responsable de lui-même, ou s'il doit obéir à son maître. Enfin, les passants risquent de se

prendre les pieds dedans. Le chien peut aussi descendre du trottoir inopinément, et se faire renverser par une voiture ou un vélo. N'oubliez pas que vous êtes responsable en cas d'accident.

Le harnais

Le harnais est à proscrire également car, premièrement, le cavalier prendra appui sur ses pattes avant, et cela lui décollera les omoplates, deuxièmement, votre chien prendra l'habitude de tirer comme le font les chiens de traîneau, auxquels seuls ce harnais est destiné.

La laisse de présentation

La laisse de présentation en Nylon, plate, de 7 mm de largeur, est pratique, car elle s'enfile et se retire rapidement ; sûre car elle possède un système de blocage qui offre la sécurité de la partie faisant collier ; légère et souple, aussi elle n'abîmera pas le poil et ne blessera pas le cou du chien. De plus, elle est jolie puisque sa couleur peut être assortie à celle de la robe du chien, et ainsi la mettre en valeur.

Cas particulier

C'est en tout cas cette laisse que je préconise pour toute la vie du chien, mais surtout pour l'éducation du chiot. Cependant, si vous n'êtes pas arrivé à faire marcher votre cavalier au pied, sans tirer, préférez alors la laisse en chaînette fine et le collier en cuir rond, qui seront plus sécurisants pour vous.

• L'apprentissage

Dans l'éducation du cavalier, il existe deux principes de base pour la marche en laisse :

– c'est vous qui promenez votre chien, et non pas l'inverse. Pour cela, ne lui laissez pas prendre une distance de 30 cm devant vous, mais maintenez-le à la hauteur de vos pieds ;

– ce n'est ni un chien de traîneau qui tire, ni un chien de chasse qui renifle le sol, mais un chien d'origine aristocratique qui doit marcher la tête haute, avec classe.

Pour cela, dès le départ, il faut bien lui remonter le collier de la laisse de présentation sous le menton, derrière les oreilles, et tenir la laisse très courte de la main gauche. Le tirer doucement, par secousses, en l'encourageant de la voix. Dès que le chiot fera quelques pas, surtout relâchez la tension. S'il s'arrête, reprenez les petites tractions. Lorsqu'il aura pris de l'assurance, ce sera à son tour de vouloir tirer. Il faudra lui faire comprendre de la même façon que cela est interdit, en le ramenant à vos pieds par secousses brèves mais fermes. Comme il n'appréciera pas cette tension, que vous relâcherez lorsqu'il se tiendra bien, il comprendra très vite qu'il doit, dans son intérêt, avancer et ne pas tirer. C'est par la laisse, en exécutant ces tractions, que vous lui ferez comprendre ce que vous attendez de lui.

> La vie en appartement

Nous l'avons dit et répété : le cavalier s'adapte à toutes les situations. Il s'accommodera donc parfaitement d'une vie en appartement à condition, dans un premier temps, que vous respectiez le rythme de ses sorties ; à condition également de l'emmener le samedi ou le dimanche dans un coin dégagé, où il pourra se dépenser et s'en donner à cœur joie ; à condition, enfin, de ne pas profiter du fait qu'il se sent si bien sur le canapé du salon pour le laisser seul trop longtemps.

> La voiture

Le cavalier est très sage et jamais malade en voiture. Il choisira sa place et dormira tout le temps que durera le voyage. Si vous faites des pauses, il s'ébattra, fera ses besoins et remontera dormir le reste du trajet. Mais ne laissez jamais votre cavalier seul dans votre voiture. En effet, cela présente deux risques importants :

– le vol : il ne faut pas oublier l'existence des trafics de chiens. De plus, en raison de sa gentillesse, il est prêt à suivre n'importe qui ;

– la chaleur : le cavalier y est particulièrement sensible. Il vaut mieux éviter les voyages durant les heures chaudes de la journée. En cas d'obligation, aspergez-le régulièrement avec un spray d'eau minérale. Il ne faut jamais le laisser dans une voiture à l'arrêt. Le « coup de chaleur » peut lui être fatal : convulsions qui débouchent sur une mort rapide et imparable.

Si vous ne pouvez pas emmener votre chien avec vous là où vous allez, mieux vaut le laisser à la maison.

> La solitude

Le cavalier ne supporte pas la solitude, c'est là sa caractéristique essentielle, primordiale même. Parce qu'il est un chien de compagnie, dans le sens le plus fort du terme, le cavalier ne doit en aucun cas être laissé seul longtemps. Il est trop attaché à ses maîtres, il a trop besoin d'eux, de leur contact physique, pour supporter de rester seul toute une journée.

Cela ne signifie pas que le cavalier soit un chien réservé aux retraités, aux chômeurs et aux oisifs. Nous avons vu qu'il sait s'adapter à toutes les situations.

• Les diverses possibilités

Les personnes qui travaillent toute la journée pourront parfaitement l'emmener sur leur lieu de travail, car le cavalier ne bouge absolument pas de toute la journée. S'il est vraiment impossible de l'emmener avec soi au bureau, on le confiera à une personne de confiance – voisin ou famille. Il existe, enfin, une troisième solution : acheter deux cavaliers. À deux, ils feront de grandes parties de jeux puis, fatigués, dormiront dans les pattes l'un de l'autre.

• Les risques de dépression

Un cavalier seul s'ennuie. Certes, il ne fera aucune bêtise, n'aboiera pas, ne pleurera pas, ne gênera pas les voisins, mais il développera une angoisse, une anxiété qui détruira sa joie de vivre.

Un cavalier ne doit pas rester seul plus de trois ou quatre heures au grand maximum – le temps de faire des courses ou d'aller à un spectacle –, mais jamais très longtemps. Surtout, ne pas le laisser seul une journée entière.

• La solution

En résumé, s'il ne vous est pas possible d'assurer une présence quasi constante auprès de votre cavalier, renoncez à son acquisition et choisissez un autre chien… ou un poisson rouge !

LA SANTÉ DU CAVALIER KING CHARLES

Le cavalier est un chien robuste et son propriétaire est bien souvent étonné de ne rendre visite au vétérinaire qu'au moment des vaccins ou pour des problèmes liés à la reproduction (pour les femelles). Cette robustesse fait qu'un cavalier vit en général une douzaine d'années.
La première année reste capitale : réussissez bien sa croissance en suivant scrupuleusement les conseils de l'éleveur et de votre vétérinaire.

Données physiologiques

Sa température rectale oscille entre 38/39 °C.
Sa fréquence respiratoire : 10/40 par minute.
Son pouls bat entre 60 et 160 pulsations par minute (de 200 à 220 pour les chiots).

La vermifugation

> Les vers

Quelle que soit la santé apparente de votre chien, quel que soit son régime, il est très sensible aux vers. Comme il en existe plus d'une vingtaine d'espèces, il peut fort bien résister aux uns mais céder aux autres. Ces minuscules bestioles peu sympathiques trouvent chez lui et en lui – et en tout premier lieu chez le chiot – un terrain où proliférer.

• Leurs actions

La plupart des vers ne causent, heureusement, aucun dégât, mais la présence de certains autres peut entraîner des conséquences très désagréables. Et lorsque l'on sait que certains vers – l'ascaris, par exemple – pondent plusieurs centaines de milliers d'œufs par jour, on comprend pourquoi l'utilisation de vermifuges se révèle primordiale.

• Les remèdes

Fort heureusement, votre pharmacien et votre vétérinaire disposent d'une panoplie de produits aptes à enrayer la prolifération des vers, et même à les faire complètement disparaître. Prenez contact avec eux dès l'acquisition de votre chiot, ils vous expliqueront les procédures à suivre. Les vermifuges modernes sont polyvalents (ils combattent aussi bien les vers plats, dont l'ignoble ténia, que les vers ronds), présentent des risques d'intolérance extrêmement minimes et se révèlent fort efficaces.

> La procédure

• Le chiot

Chez l'éleveur, le chiot aura dû être vermifugé à 2, 5 et 8 semaines avant la primovaccination, avec un vermifuge sous forme de pâte, plus facile à administrer. Il devra continuer à l'être chaque mois avant chaque vaccination, et jusqu'à six mois.

• Le chien adulte

Par la suite, il est recommandé de vermifuger le chien tous les six mois, en pensant à renouveler à chaque fois le traitement trois semaines après. Ce laps de temps est celui que nécessite le développement des œufs, qui réinfestent le chien. D'où le renouvellement du traitement pour être certain d'avoir tout éliminé.

Lorsque vous planifiez votre protocole de vermifugation, arrangez-vous pour qu'une fois sur deux le traitement s'applique avant le rappel de la vaccination annuelle.

Si, en surveillant les selles, vous constatez dans l'intervalle des six mois la présence de vers, n'attendez pas. Faites immédiatement les deux traitements à trois semaines d'intervalle, car n'oubliez pas que les vers prolifèrent à une vitesse vertigineuse.

Les vaccinations

Lorsque vous présenterez votre chiot au vétérinaire, celui-ci établira son calendrier de vaccinations mais, surtout, il vérifiera que l'animal est suffisamment en bonne santé pour accepter tous ces vaccins. L'injection d'un vaccin fatigue l'organisme, et il est impératif que celui-ci ne soit pas déjà affaibli.

> Les maladies

Les vaccins servent à protéger l'animal contre tout un éventail de maladies dont certaines, malheureusement, sont mortelles. La plus

connue, et la plus grave, est la redoutable maladie de Carré. Elle se manifeste par une toux importante, du pus dans les yeux, une sécrétion nasale et une hausse de la température. Sévissent également la rage (transmissible à l'homme par morsure), l'hépatite contagieuse (aussi appelée maladie de Rubarth), la leptospirose (ou typhus), la gastroentérite à parvovirus (ou parvovirose) et la toux de chenil.

> Les vaccins

Il n'est plus besoin d'un vaccin par maladie. En effet, les progrès scientifiques sont tels qu'un seul vaccin suffit bien souvent à contrer trois, quatre, voire cinq maladies (le vaccin CHP, par exemple, combat la maladie de Carré, l'hépatite et la parvovirose).

> La procédure

La première vaccination, dite primovaccination, se fait entre 7 et 9 semaines et incombe donc, le plus souvent, à l'éleveur. En revanche, elle ne sera valable et admise légalement que si elle est suivie d'un rappel vers la douzième semaine.

> Le cas particulier de la rage

Quant au vaccin contre la rage, il est injecté vers l'âge de trois mois et n'est valable qu'un mois après, pour une période d'un an, jour pour jour. Inutile de chipoter sur les dates, si vous avez dépassé l'année, même d'une seule journée, vous devrez tout recommencer de zéro. En revanche, si vous effectuez le rappel de vaccin dans le courant de cette même année, aucun problème. Le cas se présente notamment lorsqu'il s'agit d'emmener son chien en vacances : si vous ne vous y prenez pas à temps, votre fidèle compagnon ne pourra pas vous accompagner.

Les maladies et les accidents du chien

Si vous possédez votre diplôme de secouriste, votre chien est sauvé. En effet, les premiers secours sont quasi identiques pour l'homme et pour le chien. Si vous ne possédez pas encore ces notions de base, veillez surtout à ne pas paniquer et à ne pas brusquer l'animal. Pour le reste, voici quelques informations et quelques conseils.

> Diarrhées et vomissements

Comme tous les chiots, le cavalier peut être sujet aux diarrhées. Il l'est d'autant plus qu'il adore ramasser un tas de choses. Dans un jardin, le cavalier prend fréquemment dans la gueule des branches ou des feuilles qu'il s'amuse à déchiqueter et, inévitablement, de minuscules morceaux sont avalés. Bien sûr, le cavalier a un système digestif résistant, mais…

• Le stress

Le cas de diarrhée le plus fréquent se situe au cours de cette fameuse première journée, où il va apprendre à vous connaître, tandis que vous, vous apprendrez à vivre avec lui. Les changements de décor, de vie et de nourriture se répercutent directement sur son appareil digestif. Il n'est donc pas rare que le chiot soit victime de diarrhées ce premier jour. Mais celles-ci ne durent qu'un temps, surtout chez le cavalier, qui s'adapte très vite. Toutefois, si après vingt-quatre heures de vie commune vous constatez que votre chiot a encore des diarrhées, n'hésitez pas à consulter votre vétérinaire.

• Les effets de la gourmandise

Dans le courant de sa vie, le cavalier peut être sujet à de courtes crises de diarrhées ou de vomissements. Rappelons que c'est un chien gourmand et qu'il peut lui arriver d'avaler des aliments ne lui convenant pas. La plupart du temps, ces crises sont absolument bénignes et ne doivent pas vous préoccuper.

• Des observations importantes

En revanche, si elles se prolongent, soyez très vigilant. Dans ce cas, observez bien votre chien, notez si les diarrhées s'accompagnent ou non de vomissements, notez également la couleur de ses selles et de ses déjections. Toutes ces indications seront très précieuses au vétérinaire lorsque vous lui amènerez votre cavalier car, bien entendu, vous le lui amènerez sans tarder si les crises persistent.

En regardant les selles ou le liquide dégluti, on aperçoit souvent la cause du trouble : quelque chose qui n'a pas été digéré. Il est alors conseillé de mettre le chien à la diète pendant toute une journée afin que son appareil digestif retrouve son équilibre.

> La gale auriculaire

• La prédisposition

Elle affecte principalement les cavaliers, dont les oreilles longues et tombantes entretiennent une certaine température et une humidité favorisant le développement de ces petits parasites microscopiques.

• Les symptômes

Dans ce cas, les démangeaisons sont importantes et le fait de gratter votre cavalier derrière l'oreille semble le soulager. Il a alors un réflexe d'appui de la tête dans votre main, et esquisse un mouvement de pédalage de la patte arrière.

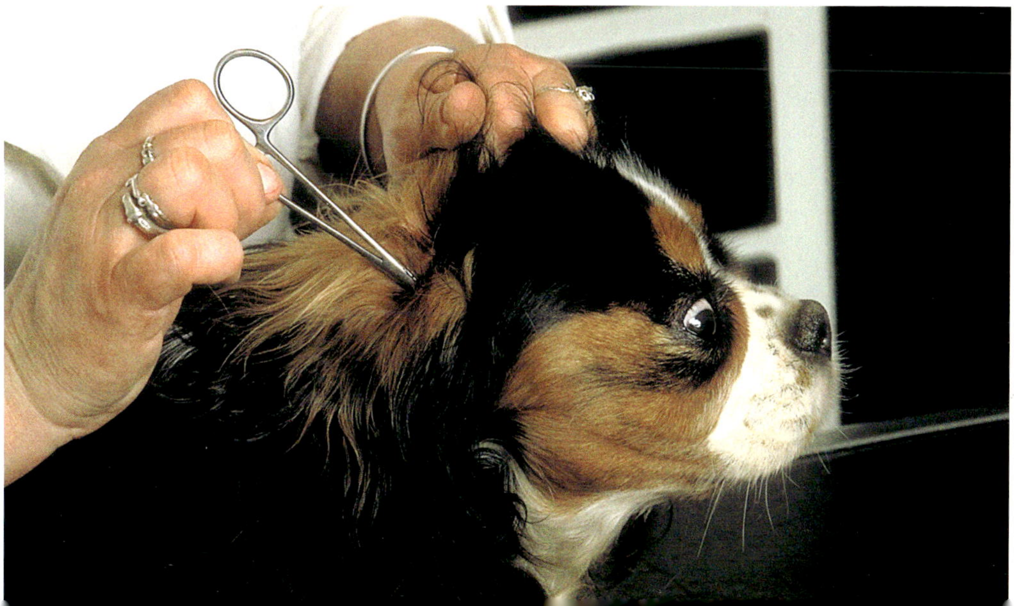

Il se dégage aussi du conduit auditif un cérumen sec, de couleur brun chocolat, très malodorant.

• Le remède

Ce type de gale se traite facilement avec un gel auriculaire antiparasitaire (traitement à faire pendant trois semaines). Il faut impérativement la soigner, car elle peut engendrer une sérieuse et douloureuse inflammation (conduit auditif très rouge), une otite qui, à répétition ou chronique, peut entraîner la surdité. Il faut alors ajouter un antibiotique local. Les transmissions entre chat et chien sont très courantes.

> Les occlusions

• Faites preuve de vigilance

Parce qu'il est curieux et gourmand, le jeune cavalier peut avaler des objets qui ne sont absolument pas comestibles (capsules, clous, jouets, objets en plastique, etc.). Comme il est encore un peu trop jeune pour faire la différence entre ce qui est bon pour son estomac et ce qui ne l'est pas, c'est à vous de faire preuve de vigilance. Débarrassez son « territoire » de tous les petits objets qu'il risque d'avaler, exactement comme vous le feriez avec un enfant. Le cavalier adore jouer avec les fils du téléphone. Cela ne prête guère à conséquence, sauf s'il vous coupe la ligne au beau milieu d'une conversation. En revanche, il peut se révéler dangereux qu'il s'attaque à des fils électriques. Donc, dans tous les cas, apprenez-lui à ne pas toucher aux fils qui traînent et, dans la mesure du possible, évitez de les faire traîner.

• L'accident

Voilà, vous avez tout rangé, tout protégé, tout évité et pourtant votre chien a avalé quelque chose qui ne lui convient pas. Résultat : une occlusion intestinale. Comment la diagnostiquer ? Par une subite perte d'appétit suivie de vomissements, et par un état général fatigué. N'essayez pas de soigner vous-même le chien, emmenez-le chez le vétérinaire.

• Les jouets

Enfin, parce qu'il doit faire ses dents et parce qu'il adore ronger, le chiot réclame des objets à se caler sous les crocs. La solution de facilité consiste à lui donner des pantoufles élimées ou

de vieux jouets. Ça lui fait plaisir et il est toujours amusant de voir un chiot se « battre » avec une pantoufle. Mais passé ce stade, comment lui ferez-vous comprendre qu'il a le droit de s'attaquer à telle pantoufle et non à celles qui reposent bien sagement dans votre chambre ? Pour éviter de perturber votre chiot, achetez-lui des os et des objets en peau de buffle qui seront bien plus efficaces pour sa dentition.

> Les boiteries

• Les exercices à éviter

Le cavalier n'est pas fragile, certes, mais ce n'est pas une raison pour lui faire faire n'importe quoi. Ne lui demandez pas de sauter d'une chaise ou de dévaler un escalier à toute vitesse. Même s'il le fait bien, et avec plaisir, une dizaine de fois, il peut mal se recevoir la onzième et boiter pendant plusieurs jours. Quant au jeu qui consiste à faire sauter un chien à la verticale pour attaquer une friandise ou son jouet favori, il est très nocif pour la colonne vertébrale de l'animal qui se tord dans tous les sens.

• Les remèdes

Comme tous les chiens, y compris les plus robustes, le cavalier peut se mettre à boiter à la suite d'un léger accident. Dans ce cas-là, observez-le bien. Très souvent, il ne boite qu'une minute ou deux pour « encaisser le coup », puis il reprend sa démarche habituelle. Si les symptômes persistent, c'est que le mal est plus profond. Alors aucune hésitation : le vétérinaire.

Parfois, le cavalier refuse de poser une patte à terre. Dès qu'il tente de le faire, il retire prestement sa patte comme si le sol était brûlant. C'est souvent parce qu'un objet indésirable (caillou, épine, écharde...) s'est coincé entre ses coussinets. Un peu de patience et une pince à épiler suffisent à réparer le mal.

> L'ulcère cornéen

• Les causes

Les standards du cavalier précisent bien qu'il doit avoir de grands yeux ronds. Or, ce critère de beauté rend le chien un peu plus vulnérable. Au cours d'une promenade, le cavalier peut s'écorcher légèrement la cornée avec une brindille ou une branche basse. Il développera alors un ulcère cornéen qui pourra mettre quelque temps à cicatriser. Dans le pire des cas, le vétérinaire sera obligé de coudre la paupière intérieure pour accélérer la cicatrisation, qui durera environ trois semaines. Cet ulcère peut également se révéler à la suite d'une kératite sèche, c'est-à-dire un manque de larmes. De même, cela peut se produire après une grande fatigue, comme la fin de l'allaitement chez une femelle ayant une portée importante.

• Le remède

Cette lésion se manifeste par une petite tache blanche apparente sur l'œil du cavalier. Dès son apparition, il faut se rendre chez le vétérinaire, qui révélera de façon évidente l'ulcération à l'aide de fluorescéine. Surtout, en cas d'ulcère, ne jamais utiliser de cortisone, qui creuse l'œil au lieu de le soigner, ce qui cause des dommages irréparables.

> Les plaies

• Superficielles ou profondes

Si elles sont superficielles, nettoyez-les à grande eau puis, pour éviter tout risque d'infection, badigeonnez-les d'une solution antiseptique telle que l'eau de Dakin.

Si la plaie paraît plus profonde et que le sang coule abondamment, stoppez l'hémorragie en appliquant fermement une compresse faite d'un linge propre. N'essayez pas de faire un garrot si vous n'en avez pas l'expérience, vous risquez de faire pire plutôt que mieux. Une fois l'hémorragie arrêtée, portez votre chien chez le vétérinaire, à moins que celui-ci n'ait accepté de se déplacer. Lorsque vous serez en sa présence, expliquez-lui bien le lieu et les circonstances de l'accident, afin qu'il puisse décider de la nécessité d'une injection de sérum antitétanique.

• Les morsures de chien

Les accidents les plus fréquents sont, bien entendu, les morsures de chien. Elles sont souvent très longues à cicatriser, en dépit de la croyance populaire qui veut que la salive canine soit un excellent coagulant. C'est faux et c'est même souvent le contraire. Si votre chien a été attaqué par un congénère, vérifiez sans tarder que celui-ci est à jour dans ses rappels de vaccin contre la rage. Si tel n'est pas le cas, le vaccin antirabique doit être pratiqué le plus rapidement possible après la morsure.

> Les piqûres et les morsures

• Les piqûres d'insecte

Les piqûres d'insecte (guêpes, abeilles, frelons...) provoquent des œdèmes qui peuvent étouffer le chien s'ils se situent au fond de la gorge. Si tel est le cas, il faut rapidement trouver un morceau de tube souple pour permettre à l'animal de respirer.

• Les morsures de serpent

Si, au cours d'un de ses pistages en forêt, votre cavalier s'est fait mordre par une vipère (les trous espacés d'un centimètre sont parfaitement visibles sur la peau du chien), rejoignez au plus vite une pharmacie afin que lui soit injecté un sérum antivenimeux. Hélas, il faut savoir que le sérum arrive parfois trop tard,

même s'il est injecté rapidement. C'est pourquoi il n'y a pas une seconde à perdre.

> Les fractures

Quand vous constatez que votre chien est sévèrement blessé à une patte, dites-lui de rester couché. Souvent, sa bonne volonté le pousse à se lever et à tenter de marcher, ce qui n'arrange rien à sa fracture. Allongez-le donc dans un brancard de fortune (une couverture tendue par deux personnes fera très bien l'affaire) et veillez à ce que le chien ne se débatte pas. Il sera transporté dans ce brancard jusqu'à la table du vétérinaire, qui procédera aux radios et plâtrera le membre atteint.

> La luxation de la rotule

Comme pour toutes les races naines, le cavalier peut être affligé d'une tendance au déboîtement de la rotule. Il s'agit du petit os situé dans un creux en avant de l'articulation du genou. Lorsque le chien plie le genou, la rotule glisse à l'intérieur de ce creux. Mais si celui-ci est trop peu profond, la rotule peut se déboîter en glissant d'un côté, et le chien sera paralysé le temps qu'elle soit remise en place ou qu'elle se replace seule. Cet incident peut se répéter de temps à autre. On peut l'empêcher de se produire en développant la musculation chez le jeune chien, et en évitant l'obésité chez l'adulte. Une intervention chirurgicale (recreuser la cavité) améliore la situation et soulage le chien.

Cette tendance peut être traumatique mais également héréditaire. On se gardera donc de faire reproduire des sujets présentant ce défaut.

> Le syndrome du « chien nageur »

Celui-ci ne concerne que la reproduction, mais j'ai été trop horrifiée d'apprendre, de la part d'éleveurs, que des chiots atteints avaient été euthanasiés par simple méconnaissance.

• Qu'est-ce que c'est ?

Si les cas restent rares, on les rencontre le plus souvent au sein de portées réduites à 1, 2, voire 3 chiots. Ce syndrome est caractérisé par une attitude tout à fait éloquente du chiot. Ces membres sont rejetés latéralement, et il y a aplatissement dorsoventral du thorax. Il pourrait être provoqué d'une part par les surfaces trop lisses qui constituent l'environnement du chiot et, d'autre part, par l'excès de protéines alimentaires.

• Les remèdes

Pour y remédier :

– évitez les surfaces lisses ;

– vers cinq semaines, maintenez les membres postérieurs pliés en angle droit sous le ventre au moyen d'Élastoplaste® pas trop serré. Le chiot se redressera avec ses antérieurs et fera ses premiers pas ainsi. Au bout d'une semaine au maximum, il aura acquis assez de force pour garder une position correcte, et vous pourrez retirer l'Élastoplaste®. Les progrès sont spectaculaires et il n'en restera aucune séquelle.

> Les intoxications

Il faut ranger tous les produits toxiques hors de la portée du cavalier. Malheureusement, nul n'est à l'abri de l'accident.

Le tempérament aventurier de certains cavaliers peut les amener à « mâchouiller » ou à ingérer des produits toxiques qui sont susceptible d'engendrer des symptômes inquiétants.

• Les produits dangereux

Si vous possédez un jardin, faites attention aux produits de traitement que vous utilisez. Le chien aime bien manger de l'herbe ou même grignoter quelques plantes. Or si certains produits contiennent un répulsif qui le tiendra éloigné, d'autres se révèlent excessivement nocifs pour le chien. Si vous devez utiliser de tels produits, veillez à ce que votre chien n'aille pas dans les parties du jardin traitées, de même pour certains produits que vous pouvez utiliser pour des plantes d'intérieur. Enfin, vérifiez si certaines de vos plantes (de jardin ou d'appartement) sont toxiques. Dans l'affirmative, apprenez à votre chien à les éviter.

• Les intoxications les plus fréquentes

Les intoxications les plus fréquentes sont dues :

– aux anticoagulants (produits raticides) ;

– à la strychnine (en appât pour détruire les renards) ;

Les intoxications dues aux plantes

Ce sont les chiots qui sont le plus exposés, car ils ont l'habitude de mordiller à peu près n'importe quoi.

– **Dieffenbachia**
– **Philodendron**
– **Anthurium**
– **Poinsetta**
– **Croton**

Le suc de ces plantes est irritant, il provoque des accidents digestifs du type œdème des babines, de la langue, gastrite.

– **Gui**

Ses boules sont toxiques et donnent des troubles nerveux et digestifs.

– **Laurier-rose**

Il crée une intoxication provoquant un coma.

– **Houx**

Ses petites baies rouges contiennent des substances toxiques dotées de propriétés « émétopurgatives ». Les symptômes sont essentiellement d'ordre digestif : vomissements et violentes diarrhées.

– à l'arsenic (insecticide contre les fourmis) ;

– à l'éthylène-glycol (liquide antigel utilisé dans les radiateurs des véhicules) ;

– au métaldéhyde (produits contre les escargots et les limaces).

Dans tous les cas de suspicion d'intoxication, la conduite à tenir est de contacter immédiatement votre vétérinaire.

> Le coup de chaleur

• À éviter à tout prix

Chaque été, il y a des exemples navrants de propriétaires criminels qui laissent leur compagnon dans leur voiture au soleil. Heureusement pour nos cavaliers, ceux-ci sont, en général, suffisamment choyés pour échapper à ce supplice.

Non seulement il faut éviter de faire voyager votre petit compagnon par temps chaud, et surtout ne pas le laisser dans une voiture fermée en été (même en entrouvrant les vitres de quelques centimètres), mais de plus, il faut toujours veiller à ce qu'il ait un coin de fraîcheur où se réfugier. Quand les beaux jours arrivent, ne forcez pas votre cavalier à vivre dans le jardin si aucun coin d'ombre ne peut le protéger. Un coin de votre cuisine ou de votre salle de bains constituera l'indispensable source de fraîcheur dont le chien a besoin.

• L'accident

Néanmoins, il peut arriver que votre cavalier soit victime d'un coup de chaleur. En effet, le chien ne transpire pas comme les humains. Sa régulation thermique se fait par ventilation qui amène de l'air frais au contact du réseau vasculaire pulmonaire. Autrement dit, le chien halète pour se rafraîchir. Mais s'il se trouve dans une atmosphère surchauffée et dans un espace restreint comme un véhicule au soleil, la température atteint vite les 40° et plus. Dès lors, le chien se trouve en danger de mort imminente. Il se déshydrate rapidement et ses muqueuses bleuissent. La congestion cérébrale et l'œdème pulmonaire le guettent.

• Les soins

Il faut intervenir rapidement. Tous les moyens sont bons pour abaisser sa température corporelle : serviettes mouillées, glace sur la tête, aspersions d'eau froide, voire une immersion totale. Et prenez immédiatement la direction du cabinet vétérinaire le plus proche. Si le chien n'est pas entré dans le coma – d'où, dans la plupart des cas, il ne sortira malheureusement jamais –, le vétérinaire pratiquera diverses injections et perfusions.

Si vous remarquez un chien seul dans une voiture, atteint par un coup de chaleur, et si vous ne savez pas où trouver rapidement le propriétaire du véhicule, n'hésitez pas à briser la vitre pour le sortir car chaque seconde compte.

> Le froid

Nos cavaliers partageant avec nous la douceur d'un foyer, et souvent même d'un appartement surchauffé, nous devons veiller à respecter certaines règles pour qu'ils passent un hiver sans tracas.

• La prévention

Avant la promenade, il serait bon de faire passer votre cavalier par une pièce moins chauffée, pour éviter une trop grande différence de température avec l'extérieur. Descendre par

l'ascenseur, emprunter l'escalier, rester un peu dans le couloir ou le hall de l'immeuble est suffisant pour aider votre chien à faire la transition entre le chaud et le froid.

Dehors, faites-le trotter, courir, jouer, cela le réchauffera. Il ne faut jamais le laisser immobile, c'est le coup de froid assuré.

S'il est atteint d'une petite « affection », surveillez que celle-ci ne s'aggrave pas, car les températures trop basses affaiblissent les défenses des animaux. Mais sachez qu'il est inutile de faire porter un manteau à un chien en bonne santé, cela aurait pour conséquence de le rendre encore plus sensible au froid.

• Les effets du froid

L'alimentation

Si vous partez aux sports d'hiver avec votre cavalier, pensez à lui donner une alimentation plus riche en graisse (ajoutez de l'huile de tournesol, par exemple), car il dépensera plus d'énergie pour lutter contre le froid.

Les coussinets

Lorsque vous l'emmènerez en balade dans la neige, ayez soin d'avoir coupé au préalable les poils sous les pattes au ras des coussinets, sinon vous aurez immanquablement droit à la formation d'un épais glaçon qui gênera le chien pour marcher et pourra le blesser. Utilisez également, à l'avance, des produits destinés à protéger et à durcir les coussinets.

Les yeux

Attention aussi à ses yeux, si vous le laissez trop longtemps en plein soleil, la réverbération sur la neige risque de lui provoquer une « ophtalmie des neiges ».

La gastrite des neiges

Lors de vos ébats et jeux avec votre cavalier, surveillez qu'il n'avale pas trop de neige. Ils adorent ça. Un client m'a raconté qu'il avait failli perdre son chien à qui ses enfants lançaient des boules de neige. Celui-ci allait les rattraper, les lécher et les désagréger d'un coup de dents. Le soir même, à la suite de vomissements répétés et d'un état de prostration, le vétérinaire consulté détecta une « gastrite des neiges » accompagnée d'un état de choc. Le pronostic était sombre, si le chien « passait la nuit », il serait sans doute sauvé. Après de nombreuses piqûres, veillé, entouré de bouillottes et mis sous une lampe à infrarouge, le petit cavalier revint à la vie au grand soulagement et à la joie de toute la famille.

Le retour « au chaud »

Rincez-lui soigneusement les pattes en rentrant de la promenade. Le sel, mélangé à des produits toxiques déposés sur les routes et les trottoirs, peut provoquer des irritations, et parfois des brûlures très graves. En se léchant les coussinets, votre cavalier risque de s'intoxiquer. Après avoir procédé à un rinçage à l'eau claire et fraîche, séchez-le bien avant de lui appliquer une crème adoucissante.

Si le chien est très humide, séchez-le soigneusement au sèche-cheveux, surtout sous le ventre, car il pourrait facilement attraper un « coup de froid » qui déboucherait sur une diarrhée, mais aussi sur une bronchite ou une pneumonie.

Administrer un médicament

Seul le vétérinaire (éventuellement le pharmacien) est habilité à prescrire des médicaments pour votre chien. Cela signifie que ni vous, ni de bons conseilleurs ne devez prendre l'initiative d'administrer tel médicament sous le prétexte qu'il a « très bien marché sur le chien de madame Untel » ou que c'est ce que vous lui avez donné « l'année dernière pour des symp-

tômes identiques ». Quant à lui administrer des médicaments destinés à l'homme, cela relève de l'hérésie.

Mais une fois que vous avez en main les petites gélules qui rendront la santé à votre cavalier, que faire ? Les lui enfoncer de force ? Sûrement pas, vous ne réussiriez qu'à l'affoler. Le truc consiste à profiter de la gourmandise du cavalier. Il est très friand de pâte de gruyère, alors glissez la gélule dans un morceau de pâte de gruyère et donnez-lui le tout. Il avalera cette friandise goulûment sans jamais se rendre compte du petit plus qu'elle contient. Par mesure de sécurité, vérifiez qu'il n'aille pas cracher la gélule dans un coin, mais le cas est rare.

Les parasites externes

> Les tiques

• Le risque

Les tiques sont des parasites beaucoup plus dangereux qu'on pourrait le penser. Elles provoquent des kystes qui transmettent la piroplasmose, maladie grave (dont on a longtemps cru qu'elle se limitait au sud-ouest de la France mais qui, en réalité, peut atteindre toutes les régions) se signalant par un état d'abattement général et par une hausse de la température qui dégénèrent en complications rénales et hépatiques. Dès lors, le chien souffre de jaunisse, et ses urines sont nettement plus foncées. Mais si la présence de tiques est décelée à temps, l'animal peut être traité à l'aide de produits tout à fait efficaces.

• La prévention

Pour combattre les tiques de manière courante, on a recours habituellement aux colliers antiparasitaires. Ils sont utiles dans la mesure où les tiques se regroupent le plus souvent dans le cou du chien, mais ils ne sont pas suffisants. Après chaque promenade dans les herbes hautes et les broussailles, veillez à bien brosser votre cavalier, tout particulièrement au niveau des oreilles. Si vous repérez des tiques, endormez-les en appliquant un coton imbibé

d'éther (durant deux minutes), puis enlevez-les au moyen d'une pince à épiler (saisissez la tête à la surface de la peau, tirez doucement mais fermement car la tique reste accrochée à la peau du chien par ses griffes). On ne brûle jamais des tiques avec une cigarette, ce ne sont pas des sangsues !

• Le remède

Surveillez les urines de votre chien. Si elles ont tendance à foncer, précipitez-vous chez le vétérinaire.

• Le remède pire que le mal

Il ne faut pas non plus verser dans l'excès contraire qui consisterait à asperger votre chien de lotion antiparasitaire dès que vous estimez qu'une tique a élu domicile dans son pelage. En effet, ces lotions sont nocives non seulement pour le parasite mais, à haute dose, pour le poil du chien. À utiliser avec parcimonie et à bon escient, comme le veut la célèbre formule.

> Les aoûtats

Ils sont moins dangereux que les tiques et ne provoquent guère que des démangeaisons, tout de même fort désagréables.

Comme leur nom l'indique, ils surgissent essentiellement au mois d'août, mais également en septembre. Pour les repérer, il faut surtout regarder les pattes du chien. En écartant ses doigts, on repère de petits points rouges qui seront traités par des lotions appropriées.

> Les puces

C'est le véritable fléau des animaux de compagnie, c'est-à-dire des chiens et des chats, car, très souvent, les puces attrapées par le chien lui viennent de son ami le chat, cible plus facile du fait de ses nombreuses sorties !

• La détection

Vous aurez beau laver votre chien régulièrement, le surveiller de très près, il ne sera jamais à l'abri d'une attaque de puces. Souvent une sortie, une rencontre avec un congénère suffisent à le contaminer. Les seuls moments de tranquillité sont en hiver, mais si l'hiver est trop doux, les puces resurgissent en grand nombre dès le début du printemps.

Le meilleur moyen de les repérer est encore d'observer le chien : s'il se gratte un peu trop fréquemment, il y a fort à parier que les puces sont responsables. Une petite vérification s'impose néanmoins : les puces laissent des petits points brunâtres sur le pelage du chien, surtout au niveau du cou et des reins, ce sont leurs excréments. De plus, il arrive fréquemment qu'en « fouillant » bien dans le pelage du chien on découvre sur sa peau une ou plusieurs puces en train de se promener. L'endroit le plus facile pour les repérer se situe à l'intérieur des cuisses.

• Leur action

Les puces provoquent donc des démangeaisons mais elles sont également responsables de la majorité des allergies et des eczémas. La salive de puce étant allergène, elle provoque la perte des poils, le rougissement de la peau et la formation de croûtes. De plus, les puces sont l'hôte intermédiaire du ténia et d'autres parasites internes.

• La prévention

Comment combattre ces invitées indésirables ? Il existe beaucoup de produits, qu'il convient de bien choisir et de bien utiliser. Une poudre insecticide, pour être efficace, doit être passée à rebrousse-poil. Mais cela ne saurait suffire. Il faut également décontaminer les endroits fréquentés par le chien, à commencer par son panier, le canapé où il a l'habitude de dormir et les tapis. Tous ces endroits peuvent receler des larves qui se transformeront en puces et réduiront tous vos efforts à néant. De plus, la puce aime se promener et ne saute sur le chien que pour s'y nourrir. Le reste du temps, elle erre en différents endroits de la maison, privilégiant les tapis, moquettes, canapés et le panier du chien. Dans certains cas extrêmes, il faut passer toute la maison ou tout l'appartement au produit antipuces, ce qui nécessite de fermer toutes les fenêtres et toutes les portes pendant plusieurs heures, et de quitter les lieux pour ne pas être intoxiqué par le produit.

Pour être certain qu'un traitement fonctionne efficacement, il convient de le renouveler régulièrement pendant plusieurs mois.

> Les poux

Les jeunes chiens sont plus souvent victimes des poux que les adultes, comme les enfants attrapent plus souvent des poux que leurs parents. Ce qui ne signifie pas que les poux du chiot et ceux de l'enfant soient identiques. À chacun ses poux. La présence de poux se manifeste par de grandes « pellicules » qui parsèment le pelage. Là aussi, il existe de nombreux produits pour les combattre, même si cette parasitose est très contagieuse.

> La teigne

Une fois de plus, les chiots sont plus sujets aux attaques du champignon occasionnant la teigne que leurs aînés. La présence de ce champignon est détectable à la vue et à l'odeur. D'une part, de petites surfaces rondes perdent subitement leurs poils et, d'autre part, une odeur évoquant celle d'un rongeur se dégage.

De nombreux traitements ont prouvé leur efficacité dans ce domaine.

Les zoonoses

De « zoo », qui désigne l'espèce animale, et de « nosos », qui désigne la maladie en grec, ce terme regroupe les maladies des animaux vertébrés transmissibles à l'homme, et réciproquement. Vaste domaine dans lequel se bousculent les bactéries, les virus, les champignons et les vers digestifs. Certains sont plus fréquents que d'autres.

> La rage

La rage est la première de ces zoonoses. Pasteur étant passé par là, il n'y a plus grand-chose à craindre mais il ne faut pas pour autant oublier de faire vacciner son chien et de faire les rappels régulièrement.

• Les manifestations passives

Chez le chien, la rage se manifeste d'abord par une apathie générale, par un manque d'appétit, et par l'impossibilité de déglutir en raison

d'une espèce de blocage au niveau de la gorge. L'aboiement change de ton, donnant l'impression d'être étouffé. Ce sont les manifestations « passives » de la maladie.

• La phase active

Dans sa phase active, la rage pousse l'animal à courir droit devant lui comme s'il était perdu, à mordre tout ce qu'il rencontre, animaux ou humains. C'est d'ailleurs avec les morsures qu'il transmet la maladie à ses congénères ou à l'homme.

> La leptospirose

La leptospirose, dite aussi typhus du chien, est une autre zoonose qui est transmise au chien par le rat et, plus précisément, par son urine. Les chiens peuvent l'attraper par l'intermédiaire de certaines eaux stagnantes et de sols marécageux, et la transmettre à l'homme par morsure. De tels risques sont presque réduits à néant avec un cavalier, d'abord parce qu'il n'est pas du style à traîner n'importe où et préfère rester près de son maître, ensuite parce que les cavaliers susceptibles de mordre un être humain sont extrêmement rares.

La leptospirose se manifeste par une forte fièvre et par un état d'abattement général. La meilleure solution pour la combattre est la vaccination.

> Les autres zoonoses

Parmi les autres zoonoses, exceptionnelles elles aussi, signalons la tuberculose ; le staphylocoque doré, transmis par le pelage ; la pasteurella, qui se propage par la salive.

Pour clore ce chapitre, rappelons qu'il est recommandé aux enfants de se laver les mains après avoir joué avec un animal, et qu'il est demandé aux propriétaires de chiens de ne pas les promener du côté des bacs à sable et des aires de jeux spécialement réservés aux enfants.

La gale

La gale est une maladie contagieuse de la peau causée par la présence d'acariens microscopiques qui possèdent des pattes munies de ventouses et creusent dans la peau du chien de véritables galeries à la vitesse de deux millimètres par jour. La gale se manifeste d'abord

par un prurit très incommode, puis apparaissent des vésicules en différents endroits du corps. La gale se révèle, elle aussi, très contagieuse et, dans certains cas, peut être attrapée par l'homme.

> La gale sarcoptique

La plus dangereuse est la gale sarcoptique, due à un acarien, le sarcopte, qui provoque des chutes de poil dans les parties inférieures du corps et sur la tête. Le tout s'accompagne de très vives démangeaisons.

> La gale folliculaire

La gale dite folliculaire, moins courante et moins contagieuse, est due à un autre acarien, le démodex, qui vit dans la racine du poil. Il est, malheureusement, très difficile à déloger.

> Les remèdes

Il fut un temps où on ne pouvait soigner la gale qu'en rasant entièrement le chien ce qui, sur un cavalier, donnait des résultats pour le moins surprenants. Aujourd'hui, heureusement, il existe divers produits qui sont appliqués à l'occasion de bains ou sous forme de pommade.

Le troisième âge de votre cavalier

Avec les progrès de la médecine vétérinaire, l'espérance de vie de nos chiens a bien augmenté durant ces dernières années.

La conséquence directe est que l'on voit apparaître d'inévitables petits tracas liés au troisième âge. Afin de les prévenir et de les traiter, les maîtres ne négligent généralement pas les visites chez le vétérinaire. Celui-ci sera à même de vous guider dans le traitement spécifique des désagréments de l'âge, ainsi que dans l'élaboration d'un régime diététique.

> L'insuffisance rénale

L'insuffisance rénale chronique est l'un des plus importants problèmes liés à l'âge. Chez le chien atteint, on constate des troubles digestifs comme des vomissements, une mauvaise haleine, et surtout une augmentation substantielle de la consommation d'eau, avec pour conséquence évidente une émission très importante d'urine.

• Le remède

Lorsque le diagnostic est posé, il faut immédiatement mettre en œuvre un traitement médical et diététique qui permettra de stabiliser les troubles engendrés par l'insuffisance rénale. Il faut diminuer l'apport azoté et mettre moins de viande – qui doit être d'excellente qualité – dans la ration.

> L'insuffisance cardiaque

Le vieux chien peut souffrir d'insuffisance cardiaque. À l'auscultation, le vétérinaire détecte un souffle au moyen de son stéthoscope. Les valves du cœur perdant de leur souplesse avec l'âge, cela se manifeste souvent par une grande fatigue après un effort, et surtout, signe déterminant et caractéristique, par de la toux. Un traitement mis en œuvre suffisamment tôt peut prolonger la vie de votre cavalier king charles de plusieurs années.

> Les femelles

Les femelles peuvent développer les métrites, voire même des pyomètres (inflammation avec accumulation de pus dans l'utérus) vers l'âge de 8 ou 10 ans. Cela débouche la plupart du temps sur une intervention chirurgicale d'urgence. Elles peuvent être atteintes également de tumeurs mammaires.

> Les dents

Avec le temps, les dents des cavaliers se couvrent de tartre, ce qui peut occasionner une gingivite et une pyorrhée alvéolaire et déboucher sur un déchaussement. Une mauvaise haleine ainsi qu'une chute des dents résultent l'une et l'autre de ces incommodités. Un détartrage devra être entrepris.

> La digestion

Le tube digestif peut faire preuve de quelque paresse. Pour éviter la constipation, incorporez à la ration alimentaire plus d'aliments contenant des fibres comme des haricots verts, des poireaux, ou des épinards…

> L'arthrite

Les vieux chiens souffrent souvent d'arthrite dans plusieurs de leurs articulations. Il est malheureusement difficile d'apporter un soulagement au mal. Il est cependant recommandé d'éviter la prise de poids de votre cavalier.

L'âge « humain » de votre cavalier

Chien	Homme	Chien	Homme
6 mois	10 ans	**10 ans**	55 ans
12 mois	16 ans	**11 ans**	60 ans
2 ans	25 ans	**12 ans**	64 ans
3 ans	29 ans	**13 ans**	68 ans
4 ans	32 ans	**14 ans**	72 ans
5 ans	37 ans	**15 ans**	77 ans
6 ans	40 ans	**16 ans**	80 ans
7 ans	44 ans	**17 ans**	85 ans
8 ans	47 ans	**18 ans**	88 ans
9 ans	52 ans	**19 ans**	92 ans

L'ENTRETIEN DU CAVALIER KING CHARLES

L'entretien du cavalier est plutôt restreint. Il concerne essentiellement son poil, qui doit être toujours propre et soyeux, d'où la nécessité de brossages et de toilettages réguliers. Comme nous l'avons signalé dans le chapitre précédent, il est également nécessaire de vérifier l'état de ses oreilles.

Un plaisir partagé

Tout cela n'occupe pas un temps infini et, comparativement à beaucoup de chiens de compagnie, le cavalier ne réclame pas une attention de tous les instants. De plus, tout le temps que vous consacrerez à sa toilette sera un grand moment de plaisir pour votre compagnon car, rappelons-le, le cavalier aime plaire et il se rend parfaitement compte des soins que vous lui apportez et de la joie que vous ressentez lorsqu'il se trouve au sommet de sa beauté.

Ne croyez donc pas que ces soins représentent un calvaire pour lui, mais n'en abusez pas non plus ! Pour obtenir un beau poil et pour habituer le chien à cet entretien régulier, commencez très tôt les opérations de brossage et de toilettage.

Les soins courants du pelage

> LE BROSSAGE

Pour des raisons hormonales, les femelles perdent un peu plus de poils au moment de leurs chaleurs. En outre, l'ensemble des cavaliers a tendance à perdre plus de poils en été qu'en hiver. Néanmoins, si votre chien passe les mois froids dans un appartement surchauffé, il perdra ses poils tout au long de l'hiver, ce qui n'est pas sain pour lui.

Le brossage doit être fait à fond deux fois par semaine si on veut éviter la formation de nœuds, très difficiles à « récupérer ».

• Le choix des ustensiles

Les instruments de toilettage sont la brosse et le peigne.

Les brosses

Parmi les brosses, il faut éviter celles qui arrachent le poil et peuvent provoquer de petites blessures de la peau. Dans ce registre, il vaut mieux éviter étrille et carde. La carde ne peut sortir que le poil mort, lors d'une mue importante. Préférez donc la brosse à picots.

Les peignes

Pour le peigne, utilisez un peigne à débourrer, c'est-à-dire un peigne plat en métal, dont les dents sont longues au moins de 3 cm et espacées environ de 1 à 2 mm. Ce peigne est monté sur un manche en bois qui le rend très facile à manipuler. Avec un tel peigne, on pénètre profondément dans la fourrure et on remonte le long du poil. On exerce une très légère traction, puis lorsque l'on ressent une résistance, on bascule le peigne sans forcer, et on sort de la fourrure.

• La technique

C'est tout le secret du toilettage, ne jamais y mettre de la force. Avec cette technique, on remonte « les nœuds » le long du poil, et on enlève la bourre morte, sans difficulté. Surtout, on respecte le poil vivant, on n'arrache rien et la fourrure reste saine et épaisse.

Souvenez-vous que les pointes des poils sont toujours fragiles. Elles ne doivent jamais être touchées, ni par un peigne, ni par une brosse. Il faut donc apprendre à tourner son peigne, pour sortir de la fourrure avant d'atteindre les extrémités.

• Le produit graissant

Il est conseillé, avant le démêlage, de pulvériser, surtout sur les oreilles, le jabot, la « culotte », un produit graissant, l'huile de jojoba par exemple, qui aidera au démêlage et combattra l'effet d'électricité statique.

> Les bains

On parle de bain, alors qu'il s'agit bien sûr de douches.

• La fréquence

Pour les cavaliers vivant à la campagne, un bain par mois sera suffisant, mais pour ceux vivant en ville (pollution), un bain tous les douze jours sera nécessaire. Les bains peuvent être fréquents à condition d'utiliser des produits adaptés.

• Remarque

Il ne faut pas laver un chien dont les poils sont emmêlés, pour éviter le feutrage. Il faut s'assurer que la fourrure est aérée, débarrassée des nœuds et des tapons qui pourraient poser des problèmes après le bain.

Utilisez une eau plutôt tiède pour ne pas fragiliser le poil et veillez à ce que la pièce soit exempte de courants d'air.

• Le shampooing

Utilisez un bon shampooing protéiné (pour chien) à base d'huile de jojoba par exemple. Après mouillage de la fourrure par massage, appliquez le shampooing dilué selon les indications, et savonnez avec ardeur sans oublier la plante des pieds, les parties génitales et le chanfrein. Rincez et recommencez. Si le premier shampooing nettoie et dégraisse, l'effet réel ne se fera sentir que grâce au second (avec moins de produit, d'ailleurs).

• Le rinçage

Rincez abondamment et utilisez alors une crème de rinçage qui peut être aussi à base d'huile de jojoba. Celle-ci évitera le dessèchement de la peau et du poil, et reconstituera le « film protecteur » pour les protéger contre certaines agressions bactériennes et mycosiques. Elle donnera aussi du lustre au pelage, plus de tombant et de gonflant pour les expositions. Selon les crèmes, vous pouvez rincer légèrement, ou laisser tel quel.

• Le brushing

Récupérer le maximum d'eau avec une serviette éponge et faites le brushing en utilisant séchoir électrique d'une main, et brosse de l'autre, en tirant bien dans le sens du poil afin d'obtenir une fourrure lisse et gonflée. Terminez par un coup de peigne et un léger conditionneur en spray.

Soins des yeux, des oreilles et autres...

> Les yeux

Les yeux du cavalier ne sont pas fragiles s'ils sont bien hydratés par les larmes, celles-ci possédant un pouvoir antiseptique.

• Les yeux larmoyants

Les yeux larmoyants sont la conséquence de canaux lacrymaux bouchés. Inutile d'intervenir chirurgicalement, ils seront de nouveau obstrués six mois plus tard. Il faut essuyer les yeux avec un mouchoir en papier sec afin d'éviter les coulures qui oxydent le poil et forment des cernes marron, très apparents et disgracieux chez les blenheims.

Pour éviter cette oxydation, on peut enduire légèrement les poils, sous l'œil, de vaseline, ce qui les imperméabilisera.

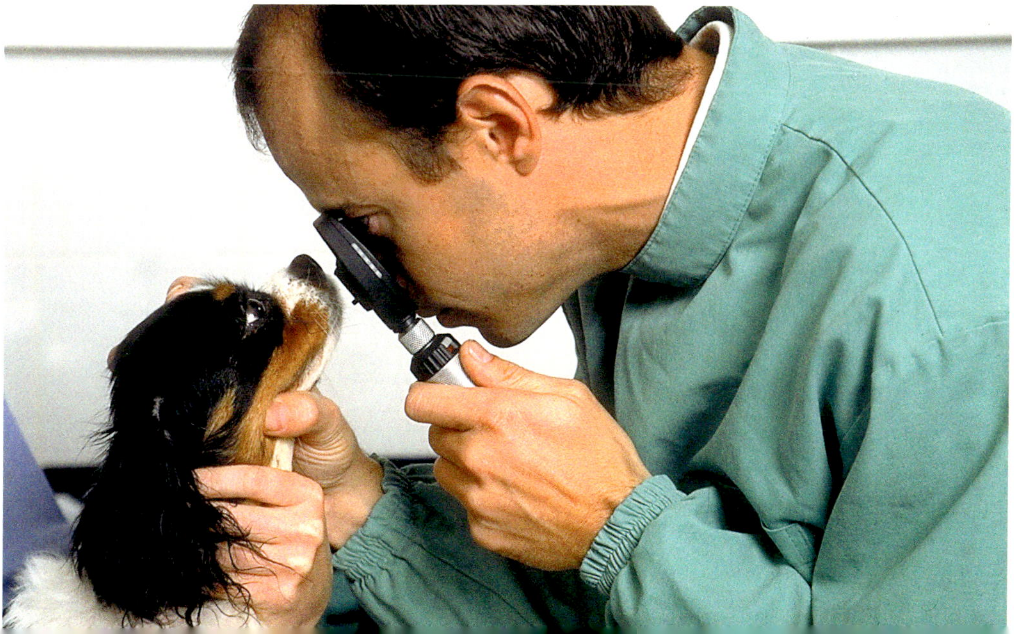

• Le manque de larmes

En revanche, le manque de larmes – la kératite sèche –, fréquent chez le cavalier, peut provoquer des ulcères cornéens (déjà évoqués dans le chapitre santé).

Pour en prévenir les désagréments, vous devrez instiller, matin et soir, des larmes artificielles.

• Les yeux sales

Le matin, au réveil, les yeux peuvent être sales (sécrétions). Il faut alors les nettoyer avec une gaze imbibée d'une lotion oculaire ou de sérum physiologique.

> Les oreilles

En ce qui concerne les oreilles, observez et sentez le conduit auditif une fois par semaine. Vous devez voir le cérumen, qui est une matière jaunâtre et grasse, produite normalement pour protéger et lubrifier la totalité. Ôtez seulement l'excès, car cela favoriserait le développement d'infections.

• Les problèmes

Si l'oreille est saine, il vaut mieux ne pas intervenir. En revanche, si vous voyez votre chien secouer la tête, se gratter les oreilles, si vous sentez une odeur nauséabonde et constatez une substance marron foncé, voire noire, il s'agit sûrement d'une gale auriculaire. Si vous utilisez un Coton-Tige, enroulez un peu plus de coton autour du bâtonnet et servez-vous-en comme d'une curette, pour ramener vers vous et non pas enfoncer.

• Le snood

Pour éviter que les longues oreilles des cavaliers ne traînent dans la gamelle et ne se salissent, ainsi que pour préserver leur poil, il faut, au moment des repas, leur mettre un snood et ce, dès l'âge de 6 ou 7 mois. Le snood est un manchon de tissu de 20 cm sur 40 cm, resserré aux deux extrémités par un élastique souple, que l'on enfile sur l'arrière de la tête, en rentrant les oreilles dedans.

Cette solution est préférable à celle des oreilles attachées vers l'arrière, car le cavalier a horreur d'avoir les oreilles « ouvertes ».

> Les dents

Au sujet de la dentition de votre petit animal, sachez que le chiot perd ses dents de lait vers l'âge de 5 mois et garde, normalement, une dentition complète jusqu'à la fin de ses jours.

• Le tartre

Les dents peuvent constituer un problème chez le cavalier. Le phénomène n'est pas systématique mais on a relevé des lignées dans lesquelles les dents s'entartrent très vite et, de ce fait, ces cavaliers-là perdent leurs dents très tôt. Parallèlement, on connaît des cavaliers âgés de 10 ans qui possèdent une dentition impeccable.

• Le détartrage

Au cas où votre chien aurait tendance à développer du tartre, les premiers soins vétérinaires commenceront vers l'âge de 3 ans, époque de son premier détartrage. Cette opération s'effectue à l'aide d'ultrasons sous anesthésie. On peut néanmoins retarder l'apparition du tartre en donnant aux chiens des os en peau de buffle, de gros os de pot-au-feu, des os de jarret de veau ou de bœuf qui représenteront un jeu qui fortifiera ses gencives et qui, du fait du frottement des dents contre l'os, serviront de dentifrice et empêcheront le tartre de se déposer. À ces jeux, on peut ajouter, deux fois par semaine, un brossage des dents avec une brosse à dents pour bébé et du bicarbonate de soude, ou à l'aide d'un doigtier et d'une pâte abrasive.

• L'hygiène buccale

Une bonne hygiène buccale retardera l'apparition de la fameuse plaque dentaire génératrice de tartre et permettra à votre chien de garder une bonne haleine, l'excès de tartre dégageant une fort mauvaise odeur.

> Les ongles

Les ongles de votre cavalier doivent également faire l'objet de soins attentifs. En principe, les ongles s'usent naturellement lors des déplacements sur le bitume, les graviers, etc. Pour un chien vivant en appartement, sur de la moquette, il sera sûrement nécessaire d'intervenir pour les réduire.

• La coupe

Pour cette opération, utilisez une pince spéciale dite « à guillotine ». Prenez et coincez votre cavalier sur les genoux, car il a horreur de cette intervention et cherchera toujours à retirer sa patte. Attention à ne pas couper trop court, car cela provoquerait une petite hémorragie qui se révélerait très douloureuse pour le chien.

• La technique

Pour les couleurs blenheim et tricolore, les ongles étant clairs et transparents, il est facile de couper juste au-dessus de la partie pulpeuse, qui est plus rose. Mais pour les autres cavaliers, noir feu et rubis, cela est plus délicat, mieux vaut les couper moins court et plus souvent. Si vous provoquez un saignement, appliquez un hémostatique.

> Les glandes anales

Terminons ce tour d'horizon par l'aspect le moins agréable : les glandes anales. Tous les chiens en possèdent deux, situées de part et d'autre de l'anus, permettant d'assurer la reconnaissance des chiens entre eux et le marquage du territoire. Quand un chien souffre de démangeaisons de l'arrière-train ou qu'il frotte son derrière par terre, ce n'est pas qu'il est envahi par un escadron de puces mais plutôt parce que les glandes anales parfois s'engorgent, provoquant des démangeaisons. Une seule solution : les vider ou le faire faire chaque année par le vétérinaire au moment du rappel des vaccinations.

• Remarque

À ce propos, il faut dire que les cavaliers font souvent le « traîneau ». Ce peut être à cause des glandes engorgées, mais aussi en raison de la présence de vers intestinaux ou à cause, tout simplement, d'une démangeaison ; cela lui étant la seule façon de se soulager.

L'ALIMENTATION DU CAVALIER KING CHARLES

En dix ans d'élevage, nous avons testé à peu près toutes les formules : l'alimentation traditionnelle aussi bien que les produits industriels (soupes, croquettes sèches, etc.). Nous nous sommes aperçus que l'alimentation traditionnelle (riz, carottes, légumes verts…) n'était pas l'idéal, car il y a toujours une carence en quelque chose : sels minéraux, vitamines et autres. De même, tous les repas complets vendus dans le commerce n'apparaissent pas si complets que cela lorsque l'on est exigeant pour la beauté du poil des chiens d'exposition, et pour la prolificité et la qualité du lait des mères.

L'alimentation de type traditionnel

> La première année

Voici la ration pour la première année du chien ; elle sera donnée en plusieurs repas, soit trois repas jusqu'à 4 mois et deux repas jusqu'à 12 mois.

• Les protéines

Apport protéique : 30 g/kg de poids de l'animal par jour

– viande de poulet ou dinde cuite ;

– jambon.

Une fois par semaine :

– poisson (sans arêtes) ;

– 4 jaunes d'œufs crus.

Il est fortement déconseillé de donner de la viande de bœuf aux cavaliers. Il ne s'agit pas d'une question de qualité nutritive, mais beaucoup développent une certaine allergie à cette viande, qui se caractérise par des gratouilles, des dermatoses, de l'eczéma…

• Les glucides

Apport glucidique : 20 g/kg de poids de l'animal par jour

– riz bien cuit, non rincé et légèrement salé.

Comportement alimentaire spécifique du cavalier

La première année, le cavalier peut se montrer difficile. Pour exciter son appétit, il faut fractionner les repas et donner à la main si nécessaire. Il peut être stimulé grâce à la compagnie d'un autre chien, avec lequel il entrera en compétition.

En revanche, en vieillissant, il devient gourmand et a tendance à l'obésité.

• Les légumes

Légumes : 10 g/kg de poids de l'animal par jour

– carottes bien cuites ;

– légumes verts de saison (haricots verts, salade, épinards, poireaux…).

• Les compléments

– Complément minéral polyvitaminé ;

– 1 cuillerée à café d'huile de tournesol ;

– Superlevure ou levure de bière pour la beauté du poil.

> La ration du chien adulte

Ration pour l'adulte (c'est-à-dire après 12 mois), à donner en un seul repas le soir, car le transit intestinal du chien est très long et peut ainsi se faire durant la nuit :

– apport protéique : 20 g/kg par jour ;

– riz : 15 g/kg par jour ;

– légumes : 10 g/kg par jour ;

– complément : garder toute la vie l'huile de tournesol et la Superlevure.

L'alimentation de type industriel

La préparation sera :

– plus équilibrée, mieux adaptée en fonction du stade physiologique (entretien, gestation, lactation, croissance) ;

– plus simple ;

– plus pratique ;

– plus économique.

Le contenu de la ration variant en fonction des marques, reportez-vous aux indications données par le producteur (sur l'étiquette) afin de connaître les quantités à distribuer.

D'une manière plus générale, vous devez faire le tour des possibilités qui vous sont offertes pour nourrir vite et bien votre cavalier.

Ce que vous ne devez pas faire

Première règle : n'apprenez pas à votre chien à quémander. Évitez donc de lui donner des restes alors que vous êtes encore à table et exigez que vos enfants et vos invités fassent de même.

Deuxième règle : ne lui donnez jamais à manger entre ses repas. S'il vous faut des friandises pour son éducation, n'en abusez pas et remplacez-les autant que possible par des caresses – c'est meilleur pour sa ligne et pour votre complicité mutuelle.

Enfin, ne changez son alimentation que très progressivement ; un chien supporte très bien de manger tous les jours la même chose, même s'il est capable d'apprécier un petit peu de diversité. S'il a un problème d'appétit, ce n'est pas dans son écuelle mais dans sa petite tête que se trouve la solution.

> Les aliments humides

Tout d'abord, il existe les boîtes, ce que les spécialistes nomment « les aliments humides », c'est-à-dire possédant la consistance d'une pâtée. Ce sont des rations complètes. Ne les confondez pas avec les boîtes d'aliments dits « tout viandes », dont le contenu ne saurait être donné tel quel, mais qui nécessite d'être mélangé avec du riz cuit ou avec des croquettes-légumes complémentaires.

> Les aliments secs

Il peut s'agir de croquettes ou de soupes en flocons, qui se conservent longtemps à l'air libre du fait qu'elles contiennent très peu d'eau. Comme pour les aliments humides, on trouve à la fois des aliments complets et des aliments complémentaires.

> Les aliments semi-humides

Moins fortement déshydratés que les précédents, ils ont une consistance moelleuse et se conservent hors du réfrigérateur.

Ils sont conditionnés sous forme de barquettes ou de boîtes cartonnées. Ce sont tant des aliments destinés à remplacer la viande que des aliments complets.

Les friandises

> La Superlevure

Les comprimés de Superlevure joueront le rôle de friandises que l'on donnera au cavalier pour l'encourager (à la propreté, par exemple) ou pour le féliciter. La Superlevure se présente souvent sous forme de paillettes à saupoudrer sur les repas du chien, mais on leur préférera de beaucoup les comprimés. Le cavalier les croquera toujours avec plaisir. Il existe également dans le commerce des friandises spécialement adaptées au chien (biscuits à la viande, en forme d'os...). Vous pourrez vous en servir pour récompenser votre chien, mais nul besoin d'en abuser. On peut aussi lui offrir du gruyère ou de la crème de gruyère, dont il est très friand.

> L'interdiction

Ce sont, pratiquement, les seules friandises dont pourra jouir le cavalier. Ne jamais lui donner de sucreries. Votre toutou ne doit pas savoir ce qu'est un morceau de sucre, de gâteau ou de chocolat, non plus que les biscottes avec du beurre ou de la confiture. Quand ils quittent leur élevage, n'en ayant jamais eu, ils ne savent pas ce que c'est, et il ne faut surtout pas leur donner cette mauvaise habitude. La première fois que vous allez donner une sucrerie à un chien, ce n'est pas à lui que vous ferez plaisir mais à vous.

> Les risques

Il ne faut pas qu'il devienne obèse en raison du sucre, et il ne faut pas non plus que les graisses entourent son cœur et le fatiguent. En le gavant de sucreries, le seul résultat auquel vous parviendrez sera de raccourcir sa vie. Le problème est particulièrement délicat lorsque votre cavalier est le meilleur compagnon de votre enfant. En effet, le bambin aura tendance à partager ses bonbons et autres sucreries. Là, ce n'est pas au chien qu'il faut s'adresser mais à l'enfant, en lui faisant bien comprendre que les bonbons sont nocifs à la santé du chien. Dans le pire des cas, on peut lui dire que les sucreries feront mourir le petit chien, ce qui n'est pas entièrement faux… mais sur une plus longue période.

> Le pain grillé

On a constaté que les cavaliers sont gourmands de pain sec. Rien que le bruit du grille-pain les met en appétit. On peut, dans ces conditions, leur donner le matin une petite bouchée de pain grillé, sans beurre ni confiture. Le pain croque sous la dent et ils adorent ça. Cependant, veillez à ce que cela reste occasionnel.

> Le sel

On ne doit jamais donner de féculents ni de légumes secs. Pas de gâteaux salés non plus. Attention lorsque vous prenez l'apéritif : vous aurez vite tendance à donner un bout de gâteau au chien. Mais il faut se gendarmer pour ne pas le faire, comme il faut mettre en garde ses invités pour qu'ils ne cèdent pas à la tentation. Pourquoi une telle interdiction ? Parce que le sel n'est pas bon pour la santé du chien : il peut le faire vomir et attaque les reins.

> Les os

De même, on ne donne jamais d'os (de poulet, de lapin…) le risque d'occlusion intestinale étant trop grand. En revanche, on peut et on doit, comme nous l'avons vu précédemment, donner au cavalier de gros os de bœuf ou de veau qu'il se contentera de ronger. C'est idéal car, de ce fait, les dents de votre chien subiront un détartrage des plus naturels !

> Une diversification inutile

Tout cela, semble-t-il, limite singulièrement le nombre de friandises que l'on peut offrir à son chien au cours d'une journée. Pas tant que cela. On peut, par exemple, lui donner de la crème de gruyère, dont il est très friand (en revanche, les pâtes de fromage fermentées sont à éviter). De toute manière, il n'est pas conseillé de varier les aliments d'un chien. Au contraire, si ses repas sont équilibrés, il est bon pour le chien de manger tous les jours la même chose. La variété des aliments est un besoin humain qu'il ne faut surtout pas reporter sur le chien. Notre grand tort est, justement, de faire connaître aux chiens la variété, car elle nuit à leur santé. En donnant la même chose à chaque repas, on se rend compte que le chien ne souffre d'aucun problème digestif puisque les intestins agissent de façon identique tous les jours. Dès lors, aucune surprise : ni constipation, ni diarrhée. Durant toute sa vie, l'alimentation d'un chien ne doit pas subir de grands changements. À la rigueur, dans le cas du cavalier, on varie en passant de la viande au poisson et en incluant parfois un peu de jambon, mais c'est tout.

La gourmandise

Le problème est la gourmandise du cavalier. S'il vous voit manger quelque chose, il va vouloir savoir de quoi il s'agit et, bien sûr, si vous lui en donnez un morceau, il va le dévorer mais il faut lui apprendre à ne pas réclamer et à se satisfaire de ses aliments habituels. Céder, lui donner de tout et n'importe quoi, c'est briser son hygiène alimentaire, ce qui peut, hélas, raccourcir sa vie de trente pour cent. Si on aime son chien, on doit respecter cette hygiène.

> Les fruits

Enfin, pour colorer un peu ce tableau, sachez que les cavaliers adorent les fruits. Là aussi, il faut faire preuve de modération car tous les fruits contiennent du sucre, mais il n'est pas

interdit de donner une petite bouchée de pomme ou de poire, voire, l'été, de faire déguster à son cavalier un morceau de fraise, de framboise ou un grain de raisin.

D'ailleurs, certains de mes cavaliers, gourmands et débrouillards, se servent tout seuls à la source même de la production. À la période des framboises, je les vois grappiller de-ci, de-là, les fruits les plus mûrs. Ils reviennent alors les babines toutes rouges de jus. À la saison des noisettes et des noix, c'est un amusant spectacle de voir les cavaliers autour du noyer, tous le museau en l'air, en train de guetter le frémissement qui précède la chute du fruit attendu. Au moment de l'impact au sol, c'est la ruée, et le plus rapide s'éloigne un peu pour déguster, à grands renforts de craquements de coquille, le produit de son larcin. Les autres, pendant ce temps, reprennent leur poste d'observation, attendant que leur tour vienne.

Les aliments à éviter

Même si votre chien a déjà été nourri à base d'aliments cités ci-dessous, ou si ceux-ci ont été occasionnellement ajoutés à sa ration sans problèmes majeurs, ils ne doivent pas se trouver dans sa gamelle. Ce sont :

– les pommes de terre, les haricots secs, les oignons, les choux, qui occasionnent des problèmes digestifs ;

– le lait, souvent mal digéré (même s'il est vrai que certains chiens continuent de boire du lait toute leur vie). Les fromages, en revanche, ne présentent pas d'inconvénients mais on évitera les pâtes fermentées ;

– les sucreries de toutes sortes, même si le sucre, contrairement à certaines croyances, ne rend pas les chiens aveugles et ne fait pas couler leurs yeux. Ce sont des aliments très énergétiques favorisant l'obésité ;

– les os, car si les risques de perforation intestinale sont très rares, les occlusions et les constipations douloureuses sont fréquentes. Ce ne sont pas des aliments et on n'utilisera que de gros os, pour fortifier les dents et retarder l'apparition des plaques dentaires (auquel cas, on privilégiera les os de veau).

L'obésité

> La prévention

Des gamelles trop généreuses sont bien sûr la première cause de l'obésité. Les apports alimentaires ne doivent pas être supérieurs aux besoins de l'animal, même pendant une courte période de sa vie. Tout maître qui ne respecte pas cette règle expose son compagnon à un excès pondéral qui ne peut que porter préjudice à sa santé. Des rondeurs disgracieuses en sont les premières manifestations. On estime qu'il y a entre 24 et 40 % de chiens qui souffrent d'un excès de poids supérieur à 15 %. Je sais qu'il est fort difficile de résister au regard implorant d'un cavalier, celui-ci étant de nature très gourmande, surtout en ce qui concerne les restes de table, les gâteaux, le chocolat, le sucre… Une de mes petites cavaliers blenheim, il y a quelques années, avait fait une incursion très fructueuse dans une boîte de chocolats de Noël. Elle a payé sa gourmandise d'une crise de foie « carabinée », mais cela ne lui a pas servi de leçon, elle a toujours été prête à se resservir à la moindre occasion. Pâques et Noël ont dû toujours être, à la maison, des périodes très surveillées.

> Un exemple vécu

Pour vous donner un exemple, j'ai reçu, un jour, la visite d'un voisin très généreux dans les rations qu'il préparait pour sa chienne tricolore. Celle-ci portait un harnais, et pour pouvoir se déplacer, son maître devait presque la suspendre pour la soulager d'un grave surpoids. La pauvre petite chienne était handicapée et sans cette aide artificielle, elle n'aurait pu marcher. Son maître, interrogé, révéla qu'elle était pourtant au régime ! Il achetait des croquettes spéciales chez le vétérinaire. Mais comme sa chienne ne les appréciait pas beaucoup, il rajoutait à sa ration soit une tranche de jambon, soit un steak haché, pour varier !

> Les méfaits de l'obésité

Donc, vigilance et raison doivent vous guider pour élaborer une ration alimentaire ni trop copieuse, ni trop énergétique et sans friandises, car si les conséquences immédiates de l'obésité sont l'apathie, la baisse de forme, etc., cela n'est rien en comparaison des complications multiples qu'elle peut engendrer :

– des difficultés cardiopulmonaires particulièrement marquées au cours de l'effort, qui peuvent conduire à la syncope ;

– des affections digestives : nécroses hépatiques, constipation, flatulences… ;

– des prédispositions au diabète : 10 % des chiens obèses sont diabétiques ;

– des troubles locomoteurs : arthrose, hernie discale, rupture ligamentaire.

Pour compléter ce tableau guère réjouissant, on observe une prédisposition aux maladies infectieuses et à des troubles cutanés du genre chute de poils, peau irritée, grattages importants… De plus, les risques d'accidents mortels sont accrus lors des anesthésies. Il est donc indispensable que les maîtres observent une discipline rigoureuse pour prévenir l'obésité.

> Les remèdes

• Le régime

Les traitements médicaux sont peu efficaces et les « coupe-faim » inexistants pour les chiens. Pour les mettre au régime, il faut réduire de 20 à 40 % la valeur énergétique des repas, et cela sans réduire le volume de la ration, afin d'éviter la sensation de faim. Pour ce faire, vous devez remplacer une partie de la ration par du fromage blanc à 0 % et fractionner la prise alimentaire, car il est préférable de donner plusieurs petits repas. Privilégiez les aliments diététiques, en vente chez votre vétérinaire, qui sont spécialement conçus pour vaincre l'obésité, et dont les garanties nutritionnelles sont bien connues. Parallèlement, il est indispensable de lui proposer un exercice physique régulier, de toujours lui laisser de l'eau fraîche à volonté.

• L'entretien

Il convient de contrôler régulièrement les progrès accomplis à l'aide d'une balance. Une fois « le poids de forme » atteint, il faut maintenir un régime d'entretien pour éviter une malheureuse rechute. Moins manger, se dépenser davantage sont des conseils de bon sens. Les cavaliers vivront mieux et plus longtemps en notre compagnie.

Les papiers du cavalier King Charles

À toutes les étapes et tous les événements de la vie de votre chien correspondent des documents.

L'attestation de vente et de garantie

Elle prouve la validité de la transaction, et doit être signée à la fois par le vendeur et l'acheteur. Pour la législation fiscale, c'est aussi une facture.

Pour être valable, une attestation de vente doit obligatoirement contenir les indications suivantes :

– la date de la vente ;

– la date de livraison ;

– l'identité du chiot ;

– son prix de vente ;

– le nom et l'adresse du (ou des) vétérinaire(s) choisi(s) par le vendeur et l'acheteur pour assurer le diagnostic en cas de vices rédhibitoires (voir en fin de ce chapitre).

Le certificat de naissance

Il prouve l'inscription du chiot au *Livre des origines français* (LOF). Ce n'est pas parce que le chiot a des parents étrangers (souvent anglais dans le cas du cavalier) qu'il ne doit pas être inscrit dans ce livre.

Le certificat de naissance n'est pas le pedigree (celui-ci ne sera délivré qu'après confirmation par un juge ou un expert). Comme son nom l'indique, il certifie l'origine du chiot puisqu'il fait référence à ses parents, à ses grands-parents et à ses arrière-grands-parents,

La garantie légale des vices rédhibitoires

La loi du 22 juin 1989 définit les maladies et tares génétiques qui peuvent être considérées comme vices rédhibitoires et sont donc l'objet d'une garantie de la part du vendeur.

« Sont réputés vices rédhibitoires, pour l'application des articles 284 et 285 aux transactions sur les chiens :

– la maladie de Carré ;

– l'hépatite contagieuse (maladie de Rubarth) ;

– la parvovirose canine ;

– la dysplasie coxo-fémorale : en ce qui concerne cette maladie, pour les animaux vendus avant l'âge d'un an, les résultats de tous les examens radiographiques pratiqués jusqu'à cet âge sont pris en compte en cas d'affection résultant de vices rédhibitoires ;

– l'ectopie testiculaire pour les animaux âgés de plus de six mois ;

– l'atrophie rétinienne. »

(Extrait de l'article 285)

c'est-à-dire à sa généalogie sur trois générations. Les titres (champion de conformité au standard, champion de pays étranger, champion international…) obtenus par les géniteurs y sont mentionnés.

Le certificat de naissance doit être conservé jusqu'à la confirmation du chien, après laquelle – si celui-ci a été reconnu apte – il sera remplacé par le pedigree. Il arrive fréquemment que le vendeur ne soit pas en possession du certificat de naissance au moment de la vente, car la procédure est relativement longue. Dans ce cas, il doit indiquer le numéro du dossier en cours de traitement à la Société centrale canine (SCC), et s'engager à vous transmettre le certificat dès qu'il le recevra. S'il tarde à le faire, contactez la SCC.

La carte de tatouage

Le tatouage est obligatoire depuis 1992 et concerne tous les chiens faisant l'objet d'un transfert de propriété à quelque titre que ce soit (don entre particuliers, vente, adoption).

Cette mesure vise à protéger le chien en réduisant le nombre d'animaux en divagation : si un chien est trouvé errant, son identification est rendue possible grâce à son tatouage, et son propriétaire sera rapidement retrouvé. De plus, un chien errant tatoué ne sera pas euthanasié lors de sa mise en fourrière.

La carte d'immatriculation par tatouage au fichier central des animaux de l'espèce canine mentionne les nom, adresse et numéro de téléphone du propriétaire. En cas de changement de maître ou de changement d'adresse, il faut en alerter la SCC. Cette opération, gratuite, se fait par l'envoi d'une carte T (dispensée d'affranchissement) qui vous aura été remise lors du tatouage du chien. Vous recevez une nouvelle carte en cas de nouveaux changements. Le tatouage ne peut être pratiqué que par un tatoueur agréé. Le plus souvent, ce sont des vétérinaires, mais il existe également un certain

nombre d'éleveurs agréés par le ministère de l'Agriculture. Le tatouage est effectué au moyen d'une pince spéciale ou avec un dermographe (ce qui nécessite une anesthésie générale).

Le pedigree

Il remplace le certificat de naissance si le cavalier, âgé de douze mois ou plus, a passé avec succès l'examen de confirmation. Le pedigree est là pour prouver que le chien a été reconnu apte, par un expert de la SCC, à contribuer au développement et à l'amélioration de sa race en France.

> La confirmation

Cette confirmation est obligatoire pour que le chien ou la chienne ait une descendance reconnue de pure race. Cette confirmation ne pourra se faire que si l'animal a une vaccination antirabique à jour.

Pour procéder à cet examen de confirmation, trois possibilités s'offrent à vous :

– la réunion amicale organisée par le délégué du club de votre région, auquel vous demanderez les renseignements et le formulaire de participation ;

– la séance de confirmation organisée par l'association canine de votre région (demander l'adresse et le calendrier à la SCC) ;

– l'exposition nationale ou internationale, dont vous trouverez le calendrier dans les revues canines, auprès de votre éleveur, du club ou de la SCC.

> L'examen de confirmation

L'examen de confirmation n'est pas un examen de concours, il ne peut pas déboucher sur un classement ou un titre. Le juge examine particulièrement les mâchoires et la dentition pour vérifier l'absence de prognathisme. Il effectue un rapide examen de l'appareil génital du mâle. Enfin, il examine le chien à l'arrêt et en évolution.

Le pedigree est refusé aux chiens présentant des tares génétiques et des défauts importants, tant du point de vue de la morphologie que de celui du comportement. Si votre chien est superbe mais, par exemple, trop grand ou trop petit par rapport au standard de sa race, il ne pourra espérer obtenir un pedigree.

Pour aller plus loin

Le club de race

Le club qui devait accueillir les épagneuls nains anglais a été fondé le 3 novembre 1924, sous la présidence de la baronne de Bondelli et la vice-présidence de la comtesse de Larnage, avec comme appellation « Les Amis des Pékinois et du Japonais ».

L'invitation au club

S'étant trouvé en difficulté de 1966 à 1967, le club est repris en main par Mme Suzanne Delaunay qui lui redonnera vie. Désirant apporter un essor à son association et sur les conseils de M. Pouchain, alors président de la SCC, Mme Delaunay invite les épagneuls nains anglais (peu nombreux à cette époque) à se joindre au club. Le club prend alors le nom des « Amis du Pékinois, du Japonais et des Épagneuls nains anglais » (LAPJENA).

Des temps difficiles

Après le décès de Mme Delaunay, le club stagne, les bulletins deviennent rares, la période est très difficile.

Face à une situation aussi confuse, las de n'avoir ni informations, ni bulletins, les principaux éleveurs de pékinois, japonais, king charles et cavaliers king charles se réunissent et décident de fonder une amicale provisoire pour la défense des races.

Le nouveau club

En 1980, cette amicale devient un club officiel, avec pour président M. Brun et pour vice-présidentes Mmes Chevallereau, Guérin et Le Royer. Cette association fonctionnera correctement et de façon harmonieuse jusqu'en 1983. Puis, les deux races principales prenant leur essor, l'association devient trop lourde à gérer, et les représentants des pékinois/japonais et king/cavaliers décident de se séparer.

Le club actuel

L'Assemblée générale de dissolution aura lieu le 9 juin 1983, et le 26 juin suivant, à Pontoise, une nouvelle association naît, sous l'appellation actuelle « Club des Épagneuls nains anglais » (CENA), avec pour particularité la constitution de deux collèges autonomes par leurs bulletins et leurs élections. La présidence est assurée par Mme Chevallereau.

Le club dissident

En 1984, peu après des élections où plusieurs membres très connus n'ont pas été choisis, un nouveau club, dissident, se forme sous la présidence de M. Le Du. Ses activités, parallèles à celles du CENA, secouent le club qui, malgré tout, résiste et est affilié le 11 mars 1986. La SCC ordonne la résiliation, sous peine de sanction, du club de M. Le Du. La mort de M. Chiorino résout tristement ce problème.

La présidence

Tout fonctionne bien jusqu'en 1989, date à laquelle différents « remue-ménage » au sein du comité, ainsi que des problèmes personnels, amènent la présidente à donner sa démission. Le comité reste le même, mais il faut nommer un nouveau président. Devant l'urgence, M. Guyomard assure la gestion provisoire du club. Puis, Mme Pinoteau sauve la situation en acceptant la présidence, mais malheureusement souffrante, elle ne peut conserver longtemps cette fonction et donne sa démission. En juin 1991, M. Métans, sollicité par le comité, prend la présidence après cooptation.

La renaissance

Les élections de 1992 entérineront la nomination de M. Métans, et le nouveau comité remettra en marche la vie du club, un peu ralentie pendant deux ans. Sur sa lancée première, le club n'a fait que progresser.

Le bulletin

Le club offre à ses adhérents de multiples services, par le biais d'un bulletin trimestriel. Vivant, proche de ses lecteurs par ses nombreux articles, celui-ci est agréable à lire et très informatif.

Vous y découvrirez les rubriques habituelles suivantes :

– des articles vétérinaires, d'élevage et de cynophilie générale ;

– un calendrier des expositions et leurs résultats ;

– une liste des portées et une liste des étalons ;

– le courrier des lecteurs ;

– le « flash info » (nouveautés et informations canines) ;

– une rubrique agility ;

– les invitations et comptes rendus des réunions amicales ;

– de très nombreuses photos.

Vous qui souhaitez rejoindre le club, vous trouverez les coordonnées dans les annexes du présent ouvrage.

Les expositions et le cavalier King Charles

Les expositions canines possèdent une double fonction :
– permettre de montrer l'évolution d'une race et la promouvoir auprès du grand public ;
– sélectionner les meilleurs représentants de chaque race.
Cette dernière fonction, comme nous le verrons plus loin, obéit à des règles très précises qu'il vaut mieux connaître pour bien profiter du spectacle d'un beau concours.

L'intérêt des expositions

Il faut savoir que ces concours ne sont pas des affaires d'argent. Organisés par les associations à but non lucratif et par les bénévoles, ils ne remettent que des prix symboliques, à savoir des coupes et des diplômes mais, pour un propriétaire, ces récompenses sont excessivement prisées. Quant aux éleveurs, plus ils ont de prix, plus ils peuvent s'affirmer fiers de leur travail. Un titre est une sorte de consécration ! On peut avoir toute confiance en un éleveur fortement récompensé, encore qu'il faille savoir faire des distinctions dans le flot des titres qui peuvent surgir çà et là.

Le jeu de la concurrence

Car on peut faire concourir son chien n'importe où, y compris à l'étranger, et cela engendre quelques surprises. Par exemple : un cavalier ayant obtenu son titre en Espagne ou au Portugal n'est pas forcément un digne représentant de sa race. Pourquoi ? Tout simplement parce que dans ces pays, on ne compte pas encore de cavaliers ! La concurrence étant ainsi des plus limitées, la récompense ne signifie pas grand-chose. En revanche, un prix obtenu en Belgique, aux Pays-Bas ou au Luxembourg revêt une plus grande importance, car la concurrence y est intraitable. Apprenez donc à reconnaître un « vrai » titre d'un autre obtenu dans des conditions un peu faciles.

Comment se déroule une exposition toutes races ?

> Un digne représentant du standard

Les expositions sont ouvertes à tout le monde, éleveurs comme particuliers. Vous avez donc, théoriquement, toutes vos chances de repartir avec une coupe ou un diplôme que vous encadrerez fièrement dans votre salon ou au-dessus du panier de votre cavalier. Le chien que vous décidez de présenter à une exposition doit correspondre au mieux au standard de la race. C'est une évidence que l'on a parfois un peu tendance à oublier. On ne cesse de se répéter que son chien est superbe, mais on ne se rend pas forcément compte qu'il ne correspond pas tout à fait aux exigences de sa race, et on peut aller vers de regrettables déconvenues. En revanche, il n'est absolument pas nécessaire

Lioury des Marliviers.

que votre chien possède un pedigree. Sachez tout de même que ses chances de correspondre au standard sont multipliées s'il appartient à une belle lignée.

> L'inscription

L'inscription de l'animal s'effectue six semaines avant l'exposition. Vous précisez bien quels sont sa race, son âge, son sexe et la couleur de son pelage et l'on vous indiquera dans quelle catégorie il pourra concourir.

> Le jour J

• Le jugement

Le jour de la manifestation, le chien est là, au summum de sa beauté… et de son éducation, car il doit tenir en statique sans changer de position pendant tout le temps que durera l'examen du juge. Celui-ci le regarde d'abord individuellement et note scrupuleusement les qualités et les défauts du chien, s'attachant particulièrement aux dents, à ses aplombs, à sa conformation, à son poil et à ses allures. Puis il le compare aux autres représentants de sa race en les faisant marcher tous ensemble.

• Les récompenses

Enfin, arrive l'heure des récompenses. Le juge distribue les cartons de qualificatifs. Un carton rouge déclare votre chien « excellent », ce qui représente ce que l'on peut rêver de mieux (voir le tableau pour les autres qualificatifs). Puis le juge classera et déterminera entre le premier mâle et la première femelle le « meilleur de race ». Ce dernier participera alors au meilleur de groupe (le 9e – chiens de compagnie – pour les cavaliers) et ensuite, s'il est vainqueur de son groupe, au Best in show, qui récompense, comme son nom britannique l'indique, le plus beau chien de l'exposition.

• Le spectacle

Cela signifie que tous les récompensés concourent en même temps : le cavalier aussi bien que le dalmatien, le yorkshire autant que le berger allemand ! Là, les critères sont nettement plus subjectifs et, tout autant que la beauté du chien, les juges récompensent sa démarche, son maintien, son éclat. À ce niveau-là, il faut garder à l'esprit que c'est plutôt du spectacle.

• Remarque

De toute façon, comme dans tous les concours du même genre, il existe une part non négligeable de subjectivité. Parfois, des éleveurs présentent plusieurs chiens, convaincus que tel ou tel obtiendra le prix, et c'est un autre du même lot qui décroche la coupe. Juger la beauté d'un chien, même si cela se fait à partir du standard de la race, ne peut être rationalisé comme une formule mathématique, chaque juge ayant son goût personnel.

Devenir exposant

Tout d'abord, n'oubliez pas que les qualités de votre chien en ring seront plus évidentes au juge s'il est parfaitement présenté et toiletté.

> Une passion

Plus qu'un plaisir, c'est une passion. Mais quand on aime son chien – et on adore forcément son cavalier –, on est prêt à tout pour lui. Une passion cela implique des sacrifices de temps et d'argent, cela implique aussi des trésors de patience, et des nerfs suffisamment solides pour affronter les éventuelles désillusions.

Le matériel de l'exposant

- une brosse à picots
- un peigne métallique
- un spray conditionneur
- des lingettes
- une lotion pour les yeux
- une épinglette ou broche pour le carton numéroté
- des friandises pour chien
- une laisse fine et légère
- un siège pliant (la journée est longue)
- une couverture ou un tapis pour garnir la cage de votre cavalier

> Des contraintes

• Les frais

Les expositions de chiens ne se faisant pas toujours dans votre quartier, il ne faudra pas hésiter à sacrifier des week-ends entiers pour vous rendre à une exposition un peu éloignée, avec les frais de route, de repas et d'hébergement que cela implique. Soyez prévenus dès le départ.

• La disponibilité

De plus, on ne peut pas espérer ne faire qu'une brève apparition dans une exposition. Si vous avez décidé de présenter votre chien, il vous faudra obligatoirement rester toute la journée dans l'enceinte de l'exposition. Quant à envisager de le déposer le matin pour le récupérer le soir, c'est non seulement purement illusoire mais totalement stupide. L'exposition vous concerne tout autant que votre chien.

> L'entraînement

Pour commencer, l'éleveur de votre cavalier peut vous servir de guide et vous donner de judicieux conseils. Il faut savoir que, dans un concours, vos chances de bien vous placer dépendent par moitié :

– de la qualité de votre chien ;

– de la présentation, c'est-à-dire de la technique, pour mettre ses qualités en valeur.

• La technique

Pour cela, cinq minutes de séances d'entraînement journalières à la maison seront suffisantes. Faites faire à votre cavalier deux allers et retours sur 25 mètres, en lui maintenant la tête haute (la laisse passée sous la mâchoire et derrière les oreilles), tout en lui parlant pour attirer son attention. Cela doit se faire en marchant vite, à côté de lui, afin qu'il utilise toute sa puissance par une poussée des postérieurs pour se propulser vers l'avant, ce qui lui donnera un excellent mouvement. Une fois ce conditionnement acquis, vous pourrez progressivement utiliser la « laisse molle », c'est-à-dire accompagner votre cavalier, la laisse tombant libre sur le côté, d'une façon toute naturelle pour lui, afin que le juge puisse apprécier ses aptitudes. À la fin de l'aller-retour, maintenez votre chien en statique devant vous en lui parlant et en lui montrant une friandise qu'il affectionne particulièrement et que vous réservez à ce travail. Après quelques secondes, voire une minute, récompensez-le en lui donnant cette friandise.

• Les « bouts d'essais »

Pour vous habituer à l'ambiance des concours et pour y familiariser votre chien, il est conseillé de commencer à le présenter très tôt dans la classe « débutant », et dans une exposition locale, où la pression se révélera moins grande, du fait d'une concurrence moins accrue. Ainsi, vous pourrez gravir un à un les échelons qui vous mèneront, vous et votre chien, jusqu'aux premières places nationales, voire internationales.

Le choix du chiot d'exposition

> La définition

Il faut tout d'abord se mettre d'accord sur la définition du « chien d'exposition ». Pour moi, c'est un sujet qui sera capable d'être étalon ou lice « recommandé », c'est-à-dire capable d'obtenir la cotation 4 points (voir la grille de cotation à la fin du chapitre).

Il est impossible d'affirmer que tel chien sera champion de France, par exemple, car il existe trop peu de manifestations le permettant et trop de concurrence. Il faut savoir qu'au championnat de France et à la nationale d'élevage du club, pas moins de 200 cavaliers sont engagés et concourent.

> Les critères de choix

Ainsi donc, comment déterminer si un chiot fera une carrière honorable en exposition ? Il s'agit d'une tâche éminemment délicate, d'autant qu'un beau chiot peut laisser apparaître, en arrivant à l'âge adulte, de légers défauts qui l'empêcheront d'aspirer aux plus hautes sphères du championnat. Il est tout de même des critères qui doivent, si l'on peut dire, vous mettre la puce à l'oreille.

• La lignée

En tout premier lieu, sa lignée : un chiot qui descend d'une lignée de champions possède des chances non négligeables de faire un beau chiot et, plus tard, un beau chien d'exposition. C'est pourquoi il est conseillé de parler longuement avec l'éleveur lorsque vous achetez votre chiot. Bien lui préciser que vous recherchez avant tout un chien « de qualité d'exposition » facilitera son choix, même si chez les très bons éleveurs, les trois quarts des chiens peuvent concourir honorablement.

• L'éducation

Il ne faut surtout pas oublier qu'un chiot d'exposition doit être avant tout un chien équilibré, bien dans sa tête et dans son corps. Sa lignée est un atout, mais l'éducation que vous lui donnerez ainsi que les relations que vous nouerez avec lui apporteront le complément indispensable qui transformera un champion potentiel en un authentique champion. L'expérience prouve que les vrais grands champions sont les chiens qui aiment leurs maîtres et qui sont aimés d'eux, car un concours se passe en duo et non en solitaire. Tout est fondé sur la complicité.

Devenir juge

> Les débuts

Vous êtes tellement passionné par votre chien et par l'amélioration de sa race que l'envie vous prend de devenir juge. Vaste ambition, mais ne visez pas trop haut. Dans un premier temps, prenez contact avec le club de la race et proposez votre bonne volonté (à titre bénévole, bien sûr). On trouvera toujours de quoi vous occuper et de quoi mettre en valeur vos compétences. Puis, petit à petit, vous pourrez aspirer à de plus hautes responsabilités. Il est souhaitable de devenir d'abord éleveur et d'acquérir ainsi des connaissances, pour postuler au titre de juge.

> La candidature

Celui-ci est nommé par la Société centrale canine (SCC), qui fédère toutes les associations régionales et les clubs de race affiliés. Fondée en 1882, elle a, en outre, la gestion du Fichier central d'identification, qui lui a été confiée par le ministère de l'Agriculture. Ce fichier regroupe les volets d'identification des chiens tatoués. Pour nommer un juge, la SCC choisit dans une liste de candidats que chaque association de race lui soumet. Ne peut être candidat qu'un adhérent justifiant d'au moins cinq ans de présence dans le club et d'une expérience d'élevage.

> La formation

Si la candidature est retenue, l'élève juge suivra une formation dans une école vétérinaire, au terme de laquelle il devra passer un examen (écrit et oral). S'il l'obtient, le futur juge complétera ses connaissances par une formation auprès de juges spécialisés et effectuera une période probatoire de deux ans comme juge stagiaire. Si toutes les conditions sont remplies, le titre de juge se trouvera enfin homologué. Mais juge d'exposition n'est aucunement un métier. Dans tous les cas, c'est une activité bénévole faite par de véritables amoureux des chiens (le juge ne reçoit que des défraiements pour ses déplacements, son hébergement et ses repas).

Les différentes expositions

> Les expositions nationales

Les expositions nationales mettent en compétition les CACS (Certificat d'aptitude de conformité au standard). Elles sont organisées par les associations régionales. Du fait du très grand nombre de ces associations, il y a profusion de ces expositions, ce qui constitue un très beau calendrier permettant aux amateurs et aux exposants d'occuper de nombreux weekends à admirer et à applaudir les meilleurs représentants de leur race favorite.

> L'exposition internationale

L'exposition internationale répond à des impératifs excessivement précis, tout particulièrement en ce qui concerne la superficie des locaux accueillant la manifestation. Au cours de cette exposition, sont mis en compétition les très importants CACIB (Certificat d'aptitude au championnat international de beauté) qui prouvent que le chien répond bien aux standards de sa race. Une exposition internationale dure souvent deux jours, et regroupe entre 1 500 et 3 000 chiens venus de tous les pays.

> La Nationale d'élevage

L'exposition de la Nationale d'élevage donne droit, elle aussi, au même CACS, qui revêt là beaucoup plus d'importance, puisque c'est le plus grand pas vers le titre de champion de France (avec le championnat de Longchamp). Elle est organisée par le club de race, donc en ce qui nous concerne, le Club des Épagneuls nains anglais. On ne peut y rencontrer que des king charles et des cavaliers king charles. Tous les meilleurs élevages de France et de l'étranger étant présents, la compétition y est dure.

J'insisterai particulièrement sur l'intérêt de cette exposition qui est capitale pour un club de race, car une telle manifestation participe étroitement au programme de sélection. Elle en est même le pivot essentiel et voit les épreuves les plus marquantes s'y dérouler annuellement. Cette manifestation est un constat, un bilan de l'élevage français. Aussi, tous les éleveurs de la race se doivent d'y participer (il serait même souhaitable qu'ils incitent leurs clients à venir pour y montrer un maximum de leur production), afin d'en tirer des enseignements constructifs pour orienter la sélection. Certaines classes offrent un intérêt majeur :

– la classe « ouverte », dans laquelle les quatre premiers sujets classés peuvent être considérés comme exceptionnels, donc précieux pour la reproduction ;

– la classe « jeunes », qui permet d'examiner des sujets dont la croissance est terminée même s'ils n'ont pas encore acquis leur maturité, et de déjà repérer ceux qui prendront la relève pour affiner la sélection ;

– les groupes reproducteurs : sont regroupés et présentés sur le ring l'étalon suivi de tous ses sujets, produits avec un maximum de lices différentes, pour prouver sa grande capacité à marquer, à typer (soit à imposer ses qualités).

Loxley des Marliviers.

Les classes d'engagement

Classe débutants : pour les chiens âgés de 9 à 12 mois. Elle ne donne pas droit à l'attribution de qualificatifs, ni à un classement, mais uniquement à une appréciation (par ordre décroissant de valeur) : « Très prometteur », « Prometteur », « Assez prometteur ».

Classe jeunes : pour les chiens âgés de 12 à 18 mois. Cette classe donne droit à l'attribution de qualificatifs, mais pas à celle de CACS ou de CACIB.

Classe ouverte : pour les chiens âgés de 15 mois au minimum (au moment de l'exposition). Cette classe donne droit à l'attribution de CACS ou à l'attribution de CACIB en concurrence avec la classe champion.

Classe de champion de beauté : réservée aux chiens déclarés « Champion de beauté national » d'un pays membre de la Fédération cynologique internationale (FCI), ou « Champion de beauté international » de la FCI, et âgés d'au moins 15 mois. Les chiens de cette classe ne concourent pas pour le CACS, mais pour le CACIB en concurrence avec la classe ouverte.

Lot d'élevage : pour cinq chiens de même race inscrits au LOF *(Livre des origines français)*, sans distinction de sexe, engagés dans une classe individuelle, nés chez le même éleveur mais pouvant appartenir à des propriétaires différents.

Les récompenses

> CACS : Certificat d'aptitude de conformité au standard

Il ne peut être accordé qu'à un chien classé premier « Excellent » en classe ouverte, et de mérite exceptionnel. Cette récompense n'accompagne pas automatiquement la première place.

Les juges font des propositions de CACS d'après les mérites absolus des chiens, sans avoir à vérifier si ceux-ci remplissent les conditions d'âge et d'inscription à un livre d'origine reconnu. La vérification de ces conditions incombe à la Société centrale canine.

• RCACS

Si le chien classé deuxième « Excellent » est de qualité équivalente à celui ayant obtenu le CACS, il peut lui être accordé la Réserve du certificat d'aptitude de conformité au standard (RCACS). Cette RCACS peut être convertie en CACS si le chien proposé par le juge à cette récompense ne peut prétendre à son homologation (en raison de son âge ou s'il possède déjà le titre de « Champion national de beauté »).

> CACIB : Certificat d'aptitude au championnat international de beauté

Il ne peut être proposé que dans les classes « ouverte » et « champion ». Les juges font les propositions de CACIB selon les mérites des chiens, sans avoir à vérifier s'ils satisfont aux conditions d'âge et d'inscription à un livre d'origines reconnu. C'est à la Fédération cynologique internationale (FCI) qu'il appartient de s'assurer que ces conditions sont remplies.

Les qualificatifs

Voici la définition officielle des qualificatifs décernés dans les expositions de conformité au standard (ou de beauté) :

Excellent (carton rouge)

Il est attribué à un chien se rapprochant de très près du standard idéal de la race – présenté en parfaite condition – réalisant un ensemble harmonieux et équilibré, ayant de la « classe » et une brillante allure.

La supériorité de ses qualités devra dominer ses petites imperfections, tout en conservant les caractéristiques de son sexe.

Très bon (carton bleu)

Il est attribué à un chien parfaitement typé, équilibré dans ses proportions – en bonne condition physique. Il lui sera toléré quelques défauts véniels, mais non morphologiques. Ce qualificatif ne peut récompenser qu'un chien de qualité.

Bon (carton vert)

Il est attribué à un chien possédant les caractéristiques de la race, mais accusant des défauts, à condition que ceux-ci ne soient pas rédhibitoires.

Assez bon (carton jaune)

Il est attribué à un chien suffisamment typé, mais sans qualités notoires ou, enfin, pas en condition physique.

Insuffisant (carton blanc)

Il est attribué à un chien insuffisamment typé ou accusant des défauts interdisant sa confirmation.

Les quatre meilleurs chiens seront classés, les autres – s'ils le méritent – recevront un qualificatif sans classement.

Le premier prix ne pourra être décerné qu'à un chien ayant au moins obtenu le qualificatif « Très bon ».

• RCACIB

La réserve de CACIB ou RCACIB peut être convertie en CACIB dans les conditions analogues à celles de la RCACS. Les CACIB ne sont pas homologués pour les chiens d'origine à titre initial ou ayant un pedigree avec des titres initiaux.

> Obtention des deux principaux titres de champion

• Champion national de conformité au standard ou Champion de France

Quelle que soit la formule retenue, le délai imparti pour présenter la demande d'homologation du championnat de France est limité à six mois après l'obtention de la dernière récompense. Passé ce délai, le chien sera déclaré forclos et le titulaire de la RCACS ayant valeur de championnat pourra postuler pour l'homologation du titre de champion.

Pour l'obtention du titre, le chien devra cumuler :

1. soit le CACS de l'exposition de Championnat, soit le CACS de l'exposition Nationale d'Élevage. Le championnat de France a lieu chaque année début juin, à Paris, sur l'hippodrome de Longchamp. Seule la classe ouverte

(chiens de plus de 18 mois) concourt pour le CACS.

Dans le cas où le même chien obtiendrait ces deux CACS dans un délai de deux ans à partir de l'obtention du premier, ces récompenses lui resteraient acquises, mais la RCACS de la récompense obtenue en second serait transformée en CACS, sous réserve que le chien l'ayant obtenue remplisse les conditions exigées ci-dessus ;

2. un CACS dans une exposition internationale où est obligatoirement attribué le CACIB ;

3. un CACS soit dans une exposition Nationale toutes races, soit dans une exposition à CACIB toutes races, soit dans l'une des expositions spéciales de race organisées par le club de race (le club informe ses adhérents par voie de bulletin).

Ces deux derniers CACS devront être obtenus dans un délai maximal de deux ans après l'exposition de Championnat ou la Nationale d'Élevage.

Les trois CACS devront être obtenus sous trois juges différents, et il sera exigé qu'au moins l'un des CACS soit décerné par un juge français.

Depuis le 1er janvier 2001, pour obtenir le titre de CACS, il faut fournir une image échocardiographique selon le tableau des tolérances indiqué au bas de la grille de cotation (accord commission zootechnique et comité de la SCC).

• Champion international de beauté

Seuls les chiens ayant obtenu quatre CACIB peuvent espérer obtenir ce titre. La Fédération cynologique internationale (FCI) accorde à la SCC un certain nombre d'autorisations de mise en compétition du CACIB. C'est pourquoi seules les expositions vraiment importantes donnent lieu à l'attribution de ce titre.

Pour l'obtention du titre de Champion international de beauté, le chien devra cumuler quatre CACIB, dont au moins un dans le pays d'origine, deux dans deux pays différents, dans un délai, entre le premier et le quatrième, d'au moins un an et un jour.

Le *Livre des origines français* (LOF)

Créé en 1885, il constitue le livre généalogique canin. Géré par la SCC, il permet de délivrer des certificats d'inscription reconnus par le ministère de l'Agriculture. Chaque certificat se compose d'un tableau généalogique remontant à trois générations. Les chiens ne reçoivent leur pedigree (certificat d'inscription définitive au LOF) qu'après leur confirmation devant un juge ou un expert qualifié. Cette confirmation est la preuve que le chien est susceptible d'entretenir ou d'améliorer la race par ses qualités et qu'il est conforme aux normes du standard de sa race.

Grille de cotation des cavaliers king charles (entérinée par la Société centrale canine le 26 avril 2001. Mise en application le 1.01.2002)

Sujet confirmé : 1 point.

Sujet confirmé 1er choix : 2 points

– Ayant obtenu un excellent en Spéciale de race, Nationale d'élevage ou Championnat SCC.

– Test d'aptitudes naturelles passé avec succès.

Sujet confirmé excellent : 3 points

Pour être coté 3 points, le sujet aura obtenu 4 Excellents en classe jeune, ouverte ou champion, sous 3 juges différents :

– 1 Excellent en Nationale d'élevage ou Championnat SCC et 3 Excellents en « spéciale de race ».

Ou :

– 1 Excellent en Nationale d'élevage, 1 Excellent en championnat SCC et 2 Excellents en « spéciale de race ».

– Test d'aptitudes naturelles passé avec succès.

– Échographie cardiaque datant de moins d'un an.

Sujet recommandé : 4 points

Pour être coté 4 points, le sujet aura obtenu 4 Excellents en classe jeune, ouverte ou champion, sous 3 juges différents :

– 1 Excellent en Nationale d'élevage ou Championnat SCC et 3 Excellents en « spéciale de race ».

Ou :

– 1 Excellent en Nationale d'élevage, 1 Excellent en championnat SCC et 2 Excellents en « spéciale de race ».

– Test d'aptitudes naturelles passé avec succès.

– Attestation d'absence de tare oculaire par un vétérinaire habilité SCC.

– Échographie cardiaque datant de moins d'un an.

Élite B : 5 points

seront considérés comme élite B les sujets confirmés (*) ayant produit :

– pour les lices : 2 sujets recommandés (possibilité d'un seul étalon) ;

– pour les étalons : 3 sujets recommandés avec 2 lices différentes.

(*) avec attestation d'absence de tares oculaires et échocardiographie.

Élite A : 6 points

seront considérés comme élite A les sujets recommandés ayant produit :

– pour les lices : 3 sujets recommandés (possibilité d'un seul étalon) ;

– pour les étalons : 5 sujets recommandés avec 2 lices différentes.

Nota : à partir de la cotation 4 points, le pedigree devra être complet (c'est-à-dire qu'il ne doit pas y avoir de titre initial sur le pedigree).

Tolérances de l'échocardiographie :

– moins de 24 mois : strictement normal ;

– de 24 à 36 mois, stade toléré : 1 ;

– plus de 36 mois, stade toléré : 2.

Le cavalier et les expositions

> Toujours prêt !

Nous avons vu dans le chapitre consacré à son entretien que le cavalier ne nécessitait pas de toilettage complémentaire pour se rendre dans une exposition. Cela en fait le chien de concours rêvé, car à la fois toujours prêt et non contraignant. Beaucoup d'autres races (comme les caniches, les westies…) nécessitent des soins préparatoires constants qui font que, dans la pratique, le concours commence au moins quarante-huit heures avant son ouverture officielle.

> Les réunions du club

Il existe un club commun au cavalier et à son cousin le king charles : le Club des Épagneuls nains anglais. Ce club diffuse un bulletin et compte des délégués régionaux présents dans les expositions locales. Ces délégués organisent eux-mêmes des réunions annuelles (deux par an sur Paris) permettant aux particuliers de faire confirmer leur chien et de leur faire passer le Test d'aptitudes naturelles, dit TAN (voir encadré). Ces réunions sont toujours placées sous le sceau de la détente et de l'amitié. Un repas décontracté y est souvent prévu et permet aux propriétaires de cavaliers de confronter leurs points de vue et d'échanger leurs souvenirs. Car le cavalier est un chien qui ne laisse aucun de ses propriétaires indifférent, pas même modéré. Tous les propriétaires de cavaliers sont des gens passionnés.

> Une race très présente

C'est d'ailleurs pour cela que l'on voit tant de cavaliers dans les expositions. Il est difficile d'aller dans une exposition, la plus modeste soit-elle, sans rencontrer au bas mot une quarantaine de cavaliers. C'est souvent la race le plus représentée. Tout simplement parce que les gens aiment montrer leur cavalier et aiment se retrouver entre eux pour en parler.

> Les jugements

Devant le nombre croissant de cavaliers participant aux expositions, nous avons maintenant, officiellement depuis le 1er janvier 1999, des jugements par couleur ou groupe de couleurs :

– 1 CACS pour les blenheim ;
– 1 CACS pour les tricolores ;
– 1 pour les noir feu et les rubis ;
– 1 seul CACIB pour toutes les couleurs réunies.

Ce qui a notablement augmenté le nombre d'inscriptions en exposition. À chaque spéciale, de 100 à 160 cavaliers sont engagés.

Le Test d'aptitudes naturelles

Ce test est réalisé en présence de membres de la Commission d'Élevage. Au cours de ce test seront vérifiés le comportement et l'aptitude du cavalier à un minimum d'éducation.

La Commission d'Élevage a fixé le barème suivant :

– Comportement

Avoir un bon comportement par rapport aux examinateurs avec un regard doux, ni hagard ni craintif : 2 points

Se laisser toucher sans crainte, sans difficulté et surtout sans agressivité : 3 points.

Marcher correctement sur vingt mètres aller et retour avec son propriétaire, au pas de promenade, sans sauter ni tirer : 2 points.

– Aptitude à un dressage minimal

S'asseoir à la demande du maître : 1 point.

Rappel au lâcher : 2 points.

Pour satisfaire au test d'aptitudes naturelles, le chien devra avoir obtenu 5 points au minimum. L'agressivité d'un cavalier king charles est éliminatoire pour l'obtention du test d'aptitudes naturelles.

L'ÉLEVAGE DU CAVALIER KING CHARLES

L'élevage est une passion de tous les instants et son but principal doit être la sélection, pour améliorer la race.

Être éleveur

> L'ASPECT FINANCIER

Il ne faut pas compter s'enrichir en devenant éleveur, car tout coûte très cher si l'on veut élever dans les meilleures conditions : l'achat de sujets de qualité, l'alimentation et ses compléments, les soins vétérinaires et d'hygiène, les expositions, la publicité, la reproduction, les structures et leur entretien…

> LA DISPONIBILITÉ

C'est donc un métier qui demande des sacrifices d'argent, mais aussi de temps. C'est un travail routinier 24 heures sur 24, 365 jours sur 365. Pas de dimanche, de Noël ni de vacances. Les chiens mangent et éliminent tous les jours. L'entretien, tant des chiens eux-mêmes que de leur environnement, doit être effectué quotidiennement. Enfin, il ne faut pas oublier tout le travail administratif : déclarations à la SCC, engagements aux expositions, comptabilité, courriers et appels téléphoniques.

> LES CAPACITÉS MENTALES ET PHYSIQUES

L'élevage requiert aussi une bonne santé et un bon équilibre nerveux face à un stress permanent : on ne décompresse jamais ! C'est l'angoisse des mises bas qui, bien souvent, ont lieu la nuit (il faut cependant assumer, le lendemain, les besoins habituels des autres), et des premiers jours des nourrissons : faire attention à ce que la mère ne les étouffe pas, veiller à ce qu'ils sachent rapidement téter… Enfin, cette activité demande un gros investissement affectif, surtout en ce qui concerne les cavaliers. Ils ont continuellement besoin de se sentir aimés.

L'élevage et la législation

1. Vis-à-vis de la DSV (Service départemental vétérinaire) d'après la loi de 1976 visant à protéger l'environnement :

– moins de 10 chiens : vous êtes considérés comme particulier ;

– moins de 50 chiens : vous êtes soumis à une déclaration à la DSV ;

– à partir de 50 chiens : vous êtes soumis à une demande d'autorisation à la préfecture, car vos installations doivent alors respecter les prescriptions relatives aux « installations classées ».

2. Vis-à-vis des impôts

Pour le fisc, la notion d'amateurisme n'existe pas et tout bénéfice, quel qu'il soit, doit être déclaré à l'administration. Vous avez le choix entre :

– l'imposition forfaitaire par reproductrice. Pas de comptabilité à tenir.

– le « réel simplifié », qui oblige à tenir une comptabilité très stricte sur un « journal », en enregistrant au jour le jour chaque dépense et recette dont il faut garder toutes les factures et justificatifs.

Une maman cavalier a besoin d'une surveillance constante durant l'accouchement et dans les jours qui suivent. Si faire naître, c'est donner la vie, c'est aussi donner la mort. Il s'agit d'être très fort quand, par exemple, il faut, pour une raison ou une autre, faire euthanasier un chiot, ou assister à la fin d'un chien, car ce sont des moments très durs à vivre.

Élever des cavaliers

> Les installations

• Bannir les box

Lorsqu'on se lance dans l'élevage de cavaliers, il faut immédiatement s'ôter de l'esprit l'idée d'aligner des box de chenil et d'y loger les chiens. Vous n'obtiendrez qu'un résultat absolument catastrophique : des chiens craintifs, stressés et des chiots malades, inhibés. Mettez un cavalier dans un box avec de la paille, et vous le rendrez malheureux. Il a trop besoin de tendresse et d'affection pour supporter ces conditions de vie.

• La maternité

Cette race de chien ne peut s'épanouir que dans un élevage de type familial. Bien sûr, il faut des installations minimales, à commencer par une maternité, ne serait-ce que pour les conditions d'hygiène et d'entretien. Cette maternité doit être une pièce spécifique, proche du bureau et de la chambre afin de permettre d'exercer une surveillance continuelle. Elle sera bien chauffée (25-28 °C), carrelée pour pouvoir être lavée et désinfectée journellement, meublée de petits box modulables, fonctionnels et hygiéniques.

Elle devra également être équipée d'une table avec balance et fiches de pesée, et d'un tableau mural pour y noter les vermifugations, les soins, etc.

• Pour les plus grands

Pour les plus de 6 semaines, il serait souhaitable d'avoir une autre pièce carrelée, moins chauffée (18-20 °C) avec des box plus spacieux et qu'elle comporte une radio (afin de stimuler les chiots). L'idéal serait que cette pièce s'ouvre sur un parc ou sur une aire de jeux pour les beaux jours.

• Leur propre bâtiment

En ce qui concerne les élevages plus importants, prévoir un petit bâtiment en longueur, à la façade vitrée donnant sur le parc ou l'aire de jeux, le tout faisant face à la maison d'habitation, afin que les cavaliers voient continuellement les éleveurs aller et venir, et qu'ainsi ils ne se sentent jamais isolés, ni abandonnés.

> La socialisation

• Le roulement

L'important est d'offrir au cavalier un maximum de vie familiale. Si vous élevez trente cavaliers, il est difficile de tous les faire entrer chez vous en même temps pour qu'ils partagent votre vie quotidienne. Néanmoins, vous pouvez agir par rotation : huit ou dix qui, par exemple, peuvent venir et même vivre dans la cuisine. Là, on peut rester avec eux, leur parler, s'en occuper comme s'ils étaient tous les chiens de la maison.

• Des intermèdes de tendresse

Pour les autres qui suivront vos allées et venues, n'hésitez pas, durant la journée, à faire de petites pauses au cours desquelles vous les caresserez et leur donnerez quelques friandises. Ces moments partagés, en plus du temps consacré à leurs soins d'hygiène, à leur alimentation et à leur toilettage, entretiendront une relation affective indispensable.

• Une présence constante

Le soir, lorsque vous allumerez les pièces de votre maison, ils seront rassurés de vous sentir si proche, regarderont un moment vos ombres se profiler sur les fenêtres, écouteront les mille et un bruits de la maisonnée, puis s'endormiront tout à fait paisiblement. Les cavaliers ont besoin de sentir cette présence constante.

Puis, après quelques jours, c'est une nouvelle dizaine de chiens que vous amènerez auprès de vous.

> La cohabitation

• Mâles et femelles ensemble

Les cavaliers, on l'a vu, ne sont pas du tout des chiens agressifs et cela constitue un plus pour les éleveurs. Pas besoin de les placer dans des parcs différents. Ils peuvent fort bien vivre tous ensemble. On peut même faire vivre ensemble mâles et femelles, mais à condition d'être très vigilant, c'est-à-dire d'être très présent. Dès que l'on aperçoit un mâle qui commence à tourner autour d'une femelle, on retire cette dernière afin d'éviter toute saillie intempestive. Cela est rendu possible par le fait que le mâle prévient des chaleurs de la femelle au moins huit jours avant leur apparition effective. Il n'y a donc aucun risque.

• La surveillance des chaleurs

Cette méthode permet de garder de bonnes relations entre les cavaliers et de vous faciliter la vie. Imaginons que vous sépariez les mâles et les femelles dans deux chenils différents, qui vous indiquera la période durant laquelle les chiennes ont leurs chaleurs. Dans un tel cas, vous n'aurez d'autre choix que de vérifier vous-même de façon quotidienne, ce qui, quand on compte une vingtaine de chiennes, relève du travail de titan et est un gros risque de « rater » le tout premier jour.

Si, toutefois, vous laissez une chienne en chaleur au milieu de cavaliers mâles, vous serez étonné par leur « courtoisie » : ils ne se battront pas entre eux.

• Remarque

Les éleveurs qui travaillent à l'extérieur et n'assurent pas une surveillance quasi constante sont obligés de séparer leurs cavaliers, ce qui nuit à la formation de leur bon caractère.

La reproduction

Par des croisements mal adaptés, on a vite fait de se retrouver avec des cavaliers ne correspondant plus aux critères de leur race (avec de grands chanfreins, par exemple). Il faut respecter une certaine sélection en fonction de la génétique pour préserver la race, c'est pourquoi il est difficile de s'improviser éleveur.

> Le choix de la chienne d'élevage

Il n'est absolument pas obligatoire de sélectionner la chienne qui a obtenu le plus de récompenses pour espérer prolonger une belle lignée mais, en revanche, il convient qu'elle ne soit marquée par aucun défaut majeur. Les imperfections qui déprécient une chienne sont transmissibles à sa progéniture, même si cela n'apparaît pas à la première portée ou à la première génération. De même, une chienne nerveuse ou craintive est à proscrire. Mais là aussi, il vaut mieux s'adresser à des professionnels et, comme nous l'avons vu précédemment, demander aux éleveurs déjà en place quelles sont les chiennes qui, selon eux, feront les meilleures chiennes d'élevage.

Les normes physiologiques de la chienne

Durée des chaleurs

Environ 3 semaines (pro-œstrus et œstrus).

Cycle

Pro-œstrus : de 7 à 10 jours.

Œstrus : de 5 à 15 jours.

Postœstrus : de 100 à 110 jours.

Anœstrus : jusqu'au cycle suivant (en principe, il y a deux cycles par an).

Saillie

Première saillie : attendre au plus tôt les troisièmes chaleurs.

Moment optimal pour la saillie : en principe du dixième au treizième jour. Le mieux est de présenter la chienne le dixième jour, puis le douzième jour. Il est à noter que l'ovulation est parfois beaucoup plus précoce ou plus tardive : différentes techniques existent pour cerner le bon moment, tels les frottis et, sûr à 100 %, le dosage en laboratoire du taux de progestérone.

Durée de la gestation

Dans la majorité des cas : de 61 à 63 jours.

Variations : de 56 à 70 jours.

Prolificité moyenne chez le cavalier

De 4 à 5 chiots par portée.

> Le choix du mâle

Si vous faites saillir votre chienne par n'importe quel mâle, vous aboutirez à des résultats étonnants, pour ne pas dire catastrophiques. On ne choisit pas un étalon parce qu'il habite à proximité. Une lignée, cela se travaille, se construit. Les bons étalons sont connus, non pas seulement en fonction de leurs titres (quoique cela aide beaucoup), mais en fonction de leur descendance. Si on vous présente un mâle dont les descendants, issus de différentes femelles, ont déjà été remarqués dans un concours, vous pouvez être sûr qu'il s'agit d'un bon reproducteur.

L'idéal est de choisir un étalon dans l'élevage d'où provient votre chienne, car les caractéristiques sont souvent proches et les caractères très liés.

> La sélection

• La consanguinité

Si un éleveur désire, dans son élevage, fixer rapidement des qualités qui distingueront son type de n'importe quel autre, il devra travailler en line breeding (consanguinité proche) ou inbreeding (consanguinité éloignée). Je serais tentée d'affirmer que c'est la clef de la réussite (cela a été la nôtre), à condition évidemment de n'utiliser cette méthode qu'avec des reproducteurs de premier plan, pour en fixer les qualités.

• Phénotype et génotype

Le travail en lignée favorise une plus grande adéquation entre le phénotype du géniteur et la manifestation de son génotype. La consanguinité permet de retrouver les qualités du géniteur chez la plupart de ses produits, car son aspect extérieur (phénotype) devient l'expression de son potentiel héréditaire (génotype).

• La sélection de la descendance

L'autre avantage de la consanguinité est la sélection de la descendance. Au fil des générations, l'éleveur peut détecter et éliminer de la reproduction les porteurs sains (porteur d'un défaut sans le laisser paraître). Cette méthode permet d'assainir une lignée. Mais elle nécessite de la part de l'éleveur de connaître parfaitement les sujets utilisés (voire trois ou quatre générations antérieures, ainsi que les frères et sœurs).

> La mise bas

• Les prémices

Il y a eu l'accouplement, puis la gestation, qui vous a obligé à patienter à peu près 60 longues journées... et enfin, le grand jour est là ! Vingt-quatre heures avant la mise bas, le signe annonciateur consiste en une chute de la température (de 37,3 à 37,5 °C). Le jour même, la chienne devient inquiète, agitée, elle gratte son panier ou sa couverture, refuse sa gamelle et se met à haleter.

• Le déroulement

Au début, les poussées sont très espacées, puis elles deviennent de plus en plus rapprochées. Les petits sont mis au monde selon un rythme variable, oscillant entre un toutes les vingt minutes, un toutes les heures ou plus. On doit aider la mère, quand c'est sa première mise bas, à ouvrir la poche et à couper le cordon. De toute façon, il faut toujours ligaturer et couper le cordon ombilical. En revanche, laissez à la mère le soin de nettoyer son petit. Il faut alors veiller à ce que le chiot prenne son colostrum (liquide jaunâtre et opaque sécrété par la glande mammaire à la fin de la gestation et dans les jours qui suivent la mise bas). S'il n'a pas la force de téter, il faut l'aider en soutenant sa tête et en pressant le lait de la mère dans sa bouche.

Rappelons que le chiot double son poids au bout de huit jours et le double à nouveau à vingt-huit jours.

Les normes d'élevage

Dimensions du nid de mise bas

Longueur : longueur de la chienne (sans la queue) x 1,5.

Largeur : taille au garrot de la chienne x 1,5.

Température de la maternité

En ambiance : de 20 à 25 °C.

Les dix premiers jours (au niveau du nid) : 30 °C.

Les vingt jours suivants (au niveau du nid) : 25 °C.

À partir de l'âge d'un mois (au niveau du nid) : 20 °C.

Cela grâce à une lampe d'élevage (infrarouge ou radian).

Calendrier des vermifugations de la chienne

– 10 jours avant la saillie

– 10 jours avant la date présumée de mise bas

– 10 jours après la naissance

– en même temps que ses chiots

On peut, en outre, revacciner la chienne de une à deux semaines avant la saillie. Elle transmettra ainsi à ses chiots, par l'intermédiaire du colostrum, davantage d'anticorps.

La génétique des cavaliers

La génétique ou science de l'hérédité est très complexe, et je n'entrerai donc pas dans les détails. Je me consacrerai au plus simple, c'est-à-dire à l'héritage des couleurs.

Tout éleveur fait de la génétique, même sans le savoir. Chaque fois que, dans un souci d'amélioration, on choisit un étalon pour sa chienne, on applique les lois de l'hérédité.

> Les lois de Mendel

La théorie de Mendel est que certaines particules ou « facteurs » maintenant appelés « gènes » sont hérités par paires homologues, un élément de chaque paire provenant de chaque parent. Entre le caractère, la longueur du chanfrein, la taille ou la pigmentation de la truffe, la couleur de robe est l'élément le plus simple à déterminer et de plus, visible dès la naissance de la portée.

> Les gènes

Chaque animal possède une paire de gènes définissant sa couleur. Chaque parent donne à sa descendance un de ces deux gènes pour l'attribution de la couleur.

Les gènes sont ou dominants, ce qui signifie que leurs caractéristiques sont visuellement apparentes, ou bien récessifs, c'est-à-dire aux caractéristiques cachées, si le gène dominant est présent. Dans le cas où le gène récessif est associé au même gène récessif, celui-ci est forcément visible.

> L'exemple de la couleur

Dans mon premier exemple, j'ai choisi les cavaliers pluricolores : blenheim et tricolore (couleurs sur fond blanc). Chez nos cavaliers, le tricolore est dominant et le blenheim est récessif.

Ce qui veut dire que si un gène dominant est présent, il sera apparent et le chien sera obligatoirement tricolore. Un gène récessif est toujours caché par un dominant.

• Démonstration

On détermine :

- TRI : gène tricolore dominant
- BLEN : gène blenheim récessif

Mon point de départ est un tricolore issu de parents tricolores. Celui-ci a hérité (dans mon hypothèse) du gène tricolore de chacun de ses parents, ce qui donne une association telle que :

TRI TRI, ce cavalier a reçu un gène tricolore de chacun de ses parents et, dans ce cas, il est tricolore dominant, car il possède le double gène tricolore.

Lorsqu'il est marié avec une femelle blenheim : BLEN BLEN

Le mâle donne un gène tricolore, car il n'a que celui-ci à donner. La femelle blenheim donne un gène blenheim, car elle n'a également que celui-ci à transmettre.

Le résultat est que tous les chiots seront tricolores :

TRI BLEN, parce que la couleur tricolore est dominante, c'est-à-dire qu'elle se voit, mais les chiots seront porteurs du gène blenheim récessif, donc caché.

Le mariage de deux tricolores porteurs de blenheim TRI BLEN et TRI BLEN pourra donner :

– TRI TRI : tricolore dominant
– TRI BLEN : tricolore porteur de blenheim
– BLEN BLEN : blenheim récessif

> Se méfier des apparences

Qu'un mâle soit tricolore dominant ou porteur de blenheim, cela ne se voit pas sur lui. Cela ne peut être prouvé que si on l'accouple avec des femelles blenheims. Si des chiots blenheims résultent de ce mariage, nous seront sûrs qu'il est porteur de blenheim. En revanche, une portée entière de tricolores ne prouve pas qu'il soit tricolore dominant. Si après trois ou quatre portées, il n'apparaît pas de chiots blenheims, on peut affirmer que celui-ci est tricolore porteur dominant.

Scientifiquement, il doit avoir eu trente-deux chiots avant de pouvoir être déclaré comme non-porteur du gène blenheim.

Un blenheim marié à une blenheim ne peut produire que des chiots blenheims car il n'y a pas d'autre gène de couleur à donner.

> Les applications aux autres cas

Le même principe est à appliquer aux unicolores (sans blanc) : ici, le noir feu est dominant et le rubis récessif. De ce fait, un mâle recevant le gène noir feu de chacun de ses parents sera noir feu dominant.

S'il est accouplé avec une femelle rubis, celle-ci donnera un gène rubis, car elle est porteuse du double gène récessif. Les enfants seront tous noir feu, mais porteur du gène rubis. À la génération suivante, deux noir feu porteurs de rubis, mariés ensemble pourront donner :

– des noir feu dominants ;
– des noir feu porteurs de rubis ;
– des rubis récessifs.

Et ce, sur le même schéma que précédemment.

Il est donc possible que deux noir feu porteurs de rubis puissent donner des chiots noir feu et rubis, par contre, le mariage de deux rubis ne donnera que des bébés rubis, jamais des noir feu.

> Les unicolores et les pluricolores

Les complications arrivent lorsque l'on marie des unicolores avec des pluricolores. Le caractère « unicolore » est dominant sur le caractère « pluricolore »

Chez nos cavaliers, chaque parent ne se contente pas de transmettre chacun un gène concernant la couleur, mais aussi un gène qui déterminera s'il s'agit d'un unicolore ou d'un pluricolore. Le noir feu est dominant sur toutes les autres couleurs. Si vous avez un noir

La génétique des cavaliers

Souvenez-vous de quelques règles concernant le caractère de la couleur chez les cavaliers :

– le noir feu est dominant sur toutes les couleurs ;
– le tricolore est dominant sur les blenheims et rubis ;
– le rubis est dominant sur le blenheim ;
– le blenheim est récessif sur toutes les couleurs.

feu dominant, porteur du gène unicolore que l'on marie avec une femelle blenheim, on obtiendra une portée totalement noir feu, mais ces chiots seront porteurs du gène pluricolore (tricolore, blenheim) et rubis. Si on fait saillir ensemble deux noir feu porteurs de ces gènes récessifs, une portée comprenant les quatre couleurs pourra en résulter !

Un mâle noir feu possédant le gène rubis, mais aussi le gène unicolore, ne produira que des noir feu et rubis, s'il est marié avec des unicolores et pluricolores. À la seconde génération d'un mariage unicolore et pluricolore, les chiots sont souvent mal tachés, ceci à cause du gène pluricolore non apparent chez le parent unicolore (récessivité).

Des marques blanches apparaissent sur les rubis et noir feu, souvent sur la poitrine et le bout des pattes.

Parfois, cela vaut la peine d'introduire du sang de pluricolore dans une lignée d'unicolore pour améliorer soit une ligne de dos, soit l'angulation des épaules, ou encore la texture du poil ou des yeux trop clairs. Les champions unicolores anglais ont couramment des pluricolores dans leur lignée, en première ou seconde génération.

> La part du hasard

Dans les lois de Mendel peut s'introduire une part de hasard. Si nous savons qu'il ne peut pas y avoir de chiots tricolores issus d'un mariage de deux blenheims, pas plus que de noir feu d'un mariage tricolore et rubis, en revanche, par le mystère des combinaisons, on peut parfois avoir une portée de six chiots blenheims avec deux parents tricolores.

Pour ce faire, bien sûr, il faut qu'ils possèdent tous les deux le gène blenheim récessif : chacun d'eux n'aura donné que le gène blenheim.

> Les applications

Deux noir feu, porteurs du gène récessif rubis, ainsi que du gène de pluricolorité, ont eu ensemble une portée de cinq blenheims ! Si vous utilisez un blenheim issu d'un mariage de deux noir feu ou de deux tricolores, souvenez-vous que votre cavalier est génétiquement un blenheim, et qu'il possédera donc le double gène blenheim.

Il ne pourra jamais transmettre à sa descendance le moindre gène noir feu ou tricolore, pas plus que rubis. Si vous désirez un noir feu de ce chien, vous devrez le marier à une noir feu, de préférence dominant unicolore, car si vous l'associez à une noir feu porteuse du gène récessif pluricolore et du gène rubis, vous pouvez vous retrouver avec une nouvelle portée de blenheims !

> Les mauvaises surprises

Un cas fut porté à ma connaissance d'un rubis à gène dominant unicolore, issu de parents noir feu tous les deux, et marié à une blenheim issue, elle aussi, de deux parents noir feu. Les propriétaires espéraient avoir dans la portée des produits noir feu (parce que les quatre grands-parents étaient noir feu ?). Ils ont été très déçus de voir naître cinq rubis mal tachés ! La connaissance des règles simples de la génétique leur aurait appris qu'il n'y avait pas d'autres combinaisons possibles.

Quelquefois des chiots sont nés noir et blanc, le gène du tan avait été « oublié ».

> Les lignes de sélection

Une ligne de sélection peut être établie pour ne produire que des noir et blanc. Il serait même possible de produire des cavaliers entièrement noirs, en travaillant sur des noir et blanc avec des unicolores. Autrefois, dans le standard anglais, apparaissaient les six couleurs : noir et blanc, noir, blenheim, rubis, tricolore et noir feu. Depuis 1972, le standard de la race ne reconnaît que les quatre couleurs traditionnelles.

ANNEXES

> CHAMPIONS DE FRANCE

2000

– Ornella des Marliviers à Mlle Abraham
– Orpheo des Marliviers à M. Moulin
– Made in du Moulin à blé à M. Commelin
– New Temptation of Sevuean's à Mme Boulme
– Nielles de la Grande Hermine à Mme Plihon Dumont
– Nifty de la Pomme Liane à Mme Richard
– Oliver du Clos de la Gardière à Mme Gorka
– Oxley de la Corne des Varennes à Mme Bazeaud
– Cheyenne de Lovely Cristale à Mme Jauffret
– Nina Ricci du Val Poutrel à Mme Jauffret
– Nilson de Castelburry à Mme Vic

2001

– Open up of Pretty Kings à Mme Vic
– Organza de Passeriphane à Mme Jauffret
– Owen de la Grande Beaulieu à Mme Jacobs
– Carlos Pantarme von Heeske à M. Condo
– Pendragon of Woodville à Mme Gaudichet Roudeau
– Perceval de Laveline à Mme Chamaille

> CHAMPIONS INTERNATIONAUX

2000

– Ornella des Marliviers à Mlle Abraham
– Orpheo des Marliviers à M. Moulin
– Made in du Moulin à blé à M. Commelin
– New Temptation of Sevuean's à Mme Boulme
– Nielles de la Grande Hermine à Mme Plihon Dumont
– Nifty de la Pomme Liane à Mme Richard
– Oliver du Clos de la Gardière à Mme Gorka
– Oxley de la Corne des Varennes à Mme Bazeau
– Cheyenne de Lovely Cristale à Mme Jauffret
– Nilson de Castelburry à Mme Vic
– Nina Ricci du Val Poutrel à Mme Jauffret
– Mireio de Siffle Mistral à Mme Valette
– Miounet de Siffle Mistral à Mme Valette
– Narbounes de Siffle Mistral à Mme Valette
– Léo des Hautes Baronnies à Mmes St Marc et Marrast
– Manou des Hauts Cadourques à Mme Belot
– Nel Hassan des Buis de la Muscadière à Mme Clichy Bouichou

2001

– Occitane de Siffle Mistral à Mmes Gauthier et Dumont
– Odyssée des Arnuettes à Mmes St Marc et Marrast
– Oxford Hassan d'Ainhoa à Mmes St Marc et Marrast

Adresses utiles

Société centrale canine (SCC)
155, avenue Jean-Jaurès
93300 Aubervilliers
Tél. : 01 49 37 54 00
Site Internet : www.asso.fr

Fédération cynologique internationale (FCI)
13, place Albert-Ier
B-6530 Thuin (Belgique)
Tél. : 00 32 71 59 12 38
Fax : 00 32 71 59 22 29
Site Internet : www.fci.be/

Club des Épagneuls nains anglais
Les Couestes
Le Clos des Oliviers
Avenue Léon-Amie
83390 Cuers
Tél./fax : 04 94 48 60 77
Site Internet : www.cena.asso.fr

Centres antipoison pour animaux
– Maisons-Alfort (Val-de-Marne)
(du lundi au vendredi, de 9 h à 17 h)
Tél. : 01 48 93 13 00

– Nantes (Loire-Atlantique)
(du lundi au vendredi, de 8 h 30 à 17 h 30)
Tél. : 02 40 68 77 40

– Toulouse (Garonne)
(du lundi au vendredi, de 9 heures à 17 h)
Tél. : 05 61 19 39 40

– Lyon (Rhône)
(24 heures sur 24)
Tél. : 04 78 87 10 40

INDEX

Dans la même collection

- *Le Rottweiler,* Frank Haymann.
- *Le Bouvier bernois,* Chantal Leclercq.
- *Le Lévrier afghan,* Martial Robin.
- *Le Labrador,* Gérard Sasias.
- *Le Basset-hound,* Jacques Médard-Ringuet.
- *Le Dobermann,* Angélique Heynard.
- *Le Briard,* Catherine Fauguière.
- *Le Jack et le Parson russell terrier,* Chantal Leclercq.
- *Le Berger allemand,* Marc Renaud.
- *Le Yorkshire terrier,* Alain Bobek.
- *Le Saint-hubert,* Jean-Pierre Boitard.

Crédits photographiques

Français/COGIS : 32 b, 47, 49, 50, 94-95, 129 ; **Garnier Sylviane :** 108 ; **Gauzargues Thierry :** 11, 22, 23 ; **Gauzargues/COGIS :** 8-9, 48, 52, 56, 66, 132 ; **Hermeline/COGIS :** 7, 31, 34, 38, 54-55, 63, 68, 72-73, 75, 85, 102-103, 107, 112, 131, 134, 136-137 ; **Labat/COGIS :** 4, 28-29, 60, 79, 82, 92, 117 ; **Lanceau/COGIS :** 14, 18-19, 35, 42, 65, 67, 76, 100, 110-111, 118, 125, 139, 141, 114 ; **Marchand Danielle :** 27 b, 32 h, 39, 40, 41, 43, 51, 57, 59, 62, 64, 70, 78, 84, 86, 88, 90, 91, 93, 97, 101, 104, 115, 122-123, 126, 127, 133, 135 ; **Merja Ojala :** 10 ; **Miriski/COGIS :** 12, 17, 27 h ; **Roberto :** 33 ; **Plihon-Dumont Carole :** 71 ; **Tranchant Chantal :** 120 ; **Vedie/COGIS :** 24, 36-37, 44-45, 80, 83, 99, 121.